Karl-Josef Drever

ROTTWEILER

Kosmos

So sind Rottweiler ▶ 6

Ein Rottweiler zieht ein ▶ 14

Gesunde Ernährung ▶ 30

Richtige Pflege ▶ 38

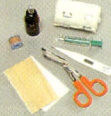

Rundum gesund ▶ 46

Erziehung leichtgemacht ▶ 68

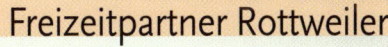

So sind Rottweiler

So sind Rottweiler

▶ **Erscheinung**

Der Rottweiler ist ein mittelgroßer bis großer stämmiger Hund, weder plump noch leicht, nicht hochläufig oder windig. Seine im richtigen Verhältnis stehende Gestalt ist mit einem starken Knochenbau versehen. Durch das ge-drungene, kräftige Äußere vermittelt er den Eindruck von Urwüchsigkeit. Der Rottweiler ist ein kraftstrotzender, wendiger und ausdauernder Gebrauchshund. Er hat einen breiten Schädel mit markantem Stirnabsatz und ausgeprägtem Jochbogen. Sein kräftiger Hals ist

Seit Einführung des neuen Tierschutzgesetzes 1998 werden in Deutschland die Ruten nicht mehr kupiert.

Ein typischer Rottweilerkopf mit den braunen Abzeichen (Brand) und ohne ausgeprägte Kehlwamme.

gut bemuskelt. Die breite und tiefe Brust entspricht etwa der Hälfte der Widerristhöhe.

Der Rottweiler ist ein flotter Traber, dessen Gangwerk bei kraftvoller und raumgreifender Schrittweite dennoch einen Hauch von Eleganz erkennen läßt.

Sein aus Deckhaar und Unterwolle bestehendes schwarzes Haarkleid (Stockhaar) ist dicht und straff anliegend. Es ist durch gut abgegrenzte Abzeichen von satter rotbrauner Färbung (den Brand) an Backen, Fang, Halsunterseite, Brust, den Läufen, über den Augen und unter der Rutenwurzel abgesetzt.

Seit der Änderung des Tierschutzgesetzes im Sommer 1998 bleibt die Rute des Rottweilers naturbelassen, wird also nicht mehr kupiert. Sie ist kräftig und wird geschwungen bis gestreckt getragen.

Rüden erreichen eine Größe von 61 bis 68 cm, bei Hündinnen liegt die Widerristhöhe zwischen 56 und 63 cm. Unsere Rottweiler haben ein kräftiges Scherengebiß mit 42 Zähnen.

► **Wesen**

Als Treiberhund ist der Rottweiler von Natur aus ruhig, von freundlicher und friedlicher Grundstimmung, er ist kinderlieb, gehorsam, führig und arbeitsfreudig. Seine Unerschrockenheit und ausgesprochene Nervenfestigkeit sind einige seiner herausragenden Eigenschaften.

Auch wenn seine Haltung Ruhe und Gelassenheit vermittelt, so entgeht einem Rottweiler nichts, er reagiert mit sehr großer Aufmerksamkeit auf seine Umgebung. Keine andere Rasse hat eine so ausgeprägte Mimik wie der Rottweiler, der sogar lachen kann und bei seiner imposanten Erscheinung

Hunde sind wichtige Sozialpartner unserer Kinder, sie sind Ansprechpartner und vermitteln ihnen Sicherheit und Geborgenheit.

seinem Menschen ein Gefühl von Wärme und anschmiegsamer Nähe vermittelt.

▶ Entwicklung

Um die Geschichte dieses Rassehundes ranken sich manche Legenden, als be-

wiesen gilt jedoch das folgende: Der Rottweiler zählt zu den ältesten Hunderassen. Sein Ursprung geht bis in die Römerzeit zurück, wo er als Hüte- und Treiberhund gehalten wurde. Diese Hunde zogen mit den römischen Legionen über die Alpen, beschützten

Das Wagenziehen war seine tägliche Arbeit.

die Menschen und trieben das Vieh. Im Raum um Rottweil vermischten sie sich mit den einheimischen Hunden.

Hier vereinigten sich wichtige Handelswege, hier war der Umschlagplatz für Vieh, welches mit Hilfe großer Treiberhunde dorthin getrieben werden mußte. Dafür waren nur Hunde geeignet, die keine Unruhe oder Panik unter dem Vieh verbreiteten. Sie mußten ausdauernd, kraftvoll, wendig und zudem als Bewacher geeignet sein.

Metzger züchteten für diesen Verwendungszweck einen Hundeschlag ausschließlich auf Leistung (Hunde, die den Ansprüchen nicht gerecht wurden, wurden ausgemerzt) und legten auf Äußerlichkeiten keinen Wert. So entstand nach der alten Reichsstadt Rottweil der „Rottweiler Metzgerhund".

Durch die Auslese (Selektion) bildete sich im Laufe der Zeit ein hervorragender Hüte- und Treiberhund heraus. Eine weitere Aufgabe bestand für die kraftvollen Tiere darin, Wagen zu ziehen.

► **Geschichte**

Als zu Beginn des 20. Jahrhunderts Hunde für den Polizeidienst gesucht wurden, zeigte sich schnell die hervorragende Eignung des Rottweilers. Die Hamburger Polizeibeamten Hinsch, Bobizin und Grosse erkannten als Praktiker den hohen Gebrauchswert des Rottweilers als Diensthund. Durch die sehr gute Leistung von zwei in den Polizeidienst eingestellten Rottweilern, nämlich „Max von der Strahlenburg" und „Flock", wurde der Rottweiler als vierte Diensthundrasse im Jahre 1910 vom Ersten Deutschen Polizeihund-Verein offiziell anerkannt.

Die Aufgaben wurden im Laufe der Zeit auf das Rettungshundewesen ausgeweitet, wo der Rottweiler noch heute Verwendung findet.

Die Eigenschaften des Rottweilers wußte auch der erste Kanzler der Bundesrepublik Deutschland zu schätzen, der dem heute noch zuchtbuchführenden Rottweilerklub anläßlich seines 50jährigen Bestehens die folgenden Grußworte schrieb:

„Die seit etwa 50 Jahren in Deutschland gezüchtete Rottweiler-Rasse erfreut sich wegen ihrer hervorragenden Eigenschaften und Leistungen im In- und Ausland großer Beliebtheit. Der Rottweiler ist – trotz seiner wuchtigen Erscheinung – gutmütig und ruhig und daher als Gebrauchshund sehr geeignet. Als Wach-, Schutz- und Blindenhund findet er in steigendem Maß Verwendung. Mein Rottweiler ist ein treuer Wächter und angenehmer Begleiter. Ich begrüße es, daß sich der Allgemeine Deutsche Rottweiler Klub die Betreuung und Förderung dieser alten Deutschen Hunderasse als Gebrauchshunde zur Aufgabe gemacht hat, und wünsche seinen Bestrebungen vollen Erfolg." *Konrad Adenauer*

▶ **Bedürfnisse**

Der Rottweiler ist ein Hund von hoher Gebrauchsfähigkeit, dies stellt jedoch auch an den Halter einige Anforderungen. Als Gebrauchshund verkümmert der Rottweiler, wenn er nicht gefordert wird. Er braucht Aufgaben und ausreichende Beschäftigung; seine Arbeitsfreudigkeit strebt nach Befriedigung.

Wird der Rottweiler nicht zu Dienstzwecken gehalten, bietet sich die Möglichkeit, mit ihm Hundesport zu treiben. Seine ausgezeichnete Nasenleistung eröffnet auch die Möglichkeit der Fährtenarbeit, eine Sportart, die in besonderem Maße die Bindung zum Hund und zur Natur fördert.

Die Schutzdienstarbeit im Verein ist eine weitere Variante, zu der neben der Unterordnung ebenfalls wieder die

1910 wurde der Rottweiler offiziell als Diensthundrasse anerkannt.

Dr. Konrad Adenauer, der erste Kanzler der Bundesrepublik Deutschland, war dieser Gebrauchshunderasse eng verbunden. Von seinem eigenen Rottweiler sagte er: „Mein Rottweiler ist ein aufmerksamer Wächter und angenehmer Begleiter.“

Fährtenarbeit gehört. Anzumerken ist, daß die Bezeichnung „Schutz“ hier nicht falsche Erwartungen wecken sollte. Auch wenn landläufig die Ansicht vorherrscht, hier werde der Hund „scharf“ gemacht, so ist festzustellen, daß es sich mehr um Hundesport handelt und keineswegs eine vielleicht erhoffte Schärfe erreicht wird, wie sie beim Diensthund gewünscht und erforderlich ist!

Schließlich besteht seit einiger Zeit

Gespannt wartet die Hündin auf das gemeinsame Spiel. Diese aufmerksame Erwartungshaltung kann zur Ausbildung genutzt werden.

die Möglichkeit, an der jungen Sportart Agility teilzunehmen. Der Rottweiler ist aufgrund seiner Statur sicherlich nicht gerade prädestiniert dafür, jedoch macht es einfach Spaß, mit seinem Hund ohne Halsband und Leine einen solchen Parcours zu durchlaufen, zu dessen korrekter Bewältigung ein enormes Maß an Disziplin und Unterordnung gehört.

Beschäftigung aber ist sicherlich auch durch lange Spaziergänge möglich, durch Fahrradfahren (ab 10 Monaten, langsam aufbauend) – vielleicht mit dem Ziel einer Ausdauerprüfung in einem Verein.

▶ Eigenschaften

Die Eigenschaften des Rottweilers sind es, die ihn so beliebt machen: ruhig, ausgeglichen, nervenstark. Aber er ist

auch eine starke Persönlichkeit und braucht daher einen entsprechenden „Rudelführer": jemanden, der bereit ist, seine guten Anlagen entsprechend zu nutzen, ihm die konsequente Ausbildung zukommen zu lassen, die er benötigt, um sich gerne und bereitwillig in sein Menschenrudel einzuordnen.

Es sollte immer bedacht werden, daß die Tiere, wie schon erwähnt, darauf gezüchtet wurden zu beschützen. Der Rottweiler wird bedingungslos und unter Selbstaufgabe jedes Familienmitglied, sei es ein Kind oder ein kleines Tier, beschützen und behüten. Hier liegt eine besondere Verantwortung, diese hervorragenden Anlagen nicht zu mißbrauchen oder durch Leichtsinnigkeit herauszufordern.

Eine weitere Besonderheit bei dieser Rasse ist das angenehme und unauffällige Verhalten in der Wohnung: kein unnützes Gekläffe, kein störendes, hektisches Umherlaufen. Ruhig und gelassen genießt der Rottweiler die Nähe „seines" Menschen.

Was seine Ausbildung anbelangt, so benötigt der Rottweiler einen „intelligenten", einfühlsamen Ausbilder. Er wird nicht widerstandslos ihm unsinnig erscheinende Kommandos ausführen und erweckt mitunter den Eindruck der psychischen Schwerfälligkeit. Er braucht Ausbildung und keine Dressur. Im Gegensatz zu manch anderen Rassen bleibt einmal Gelerntes ein Leben lang in seinem liebenswerten Dickschädel haften. Sein exzellentes Gedächtnis sollte aber auch eine Warnung an die sein, die ihn mißbrauchen – wer seinen Zorn einmal herausgefordert hat, wird nie mehr sein Vertrauen zurückerlangen!

▶ Kann ich die Bedürfnisse eines Rottweilers erfüllen?

☐ Bin ich bereit, für einen Zeitraum von etwa 12 Jahren die Verantwortung für ein Lebewesen zu übernehmen?

☐ Sind alle in der Familie mit der Anschaffung des Hundes einverstanden?

☐ Ist niemand in der Familie gegen Tierhaare allergisch?

☐ Biete ich dem Hund ausreichend Platz? (Der Rottweiler gehört nicht in eine 60-m²-Wohnung!)

☐ Bin ich bereit, das Tier seinen Bedürfnissen entsprechend zu beschäftigen?

☐ Kann ich auf Dauer die Kosten für Futter, Steuer, Versicherung und Tierarzt tragen?

☐ Verfüge ich über Hundeerfahrung, oder habe ich die Möglichkeit, an einer Ausbildung teilzunehmen?

☐ Wieviel Zeit habe ich täglich für den Hund? (Er kann höchstens einige Stunden alleine sein.)

☐ Was ist bei Krankheit oder im Urlaub?

☐ Wie reagiert mein Umfeld auf die Anschaffung eines großen Hundes?

☐ Paßt diese Rasse zu mir?

Ein Rottweiler zieht ein

Ein Rottweiler zieht ein

▶ **Vorher überlegen**

Bevor Sie sich einen Rottweiler ins Haus holen, sollten Sie einige Besuche auf Rottweilerveranstaltungen machen. Hier bietet sich die Möglichkeit, die Rasse, aber auch die Menschen, die diese Hunde halten, zu beobachten. Paßt diese Rasse überhaupt zu mir? Wie gehen andere Besitzer mit den Tieren um?

Sinnvoll ist es, sich ausreichend zu informieren, um die Entscheidung zu festigen, bevor Sie sich ein Lebewesen ins Haus holen. Oder aber Sie kommen zu der Ansicht, daß der Rottweiler nicht in Ihr Umfeld gehört, dann war die investierte Zeit auch gut angelegt!

Haben Sie schließlich den Entschluß gefaßt, daß es eben gerade dieser wunderschöne Rassehund sein soll, sollten Sie bei der Auswahl ebenfalls geduldig und umsichtig vorgehen. Gerade beim Rottweiler ist es wichtig, einen auf den Menschen und seine Umwelt geprägten Hund zu bekommen. Schauen Sie sich den Züchter Ihres neuen Hausgenossen genau an und suchen Sie sich frühzeitig eine Zuchtstätte aus.

Bietet der Züchter Ihnen Hilfestellung an? Erkundigt er sich nach Ihrer Freizeit, nach Ihrem Umfeld: wie Sie wohnen, wie und wo der Welpe gehalten werden soll? Gibt er Ihnen Tips? Wie sieht die Zwingeranlage aus? Lassen Sie sich die Hündin zeigen. Ist die Mutter umgänglich, läßt sie Ihre Nähe nach einem Beschnuppern zu, oder muß der Züchter das Tier von Ihnen fernhalten?

▶ **TIP**

Die Welpen werden grundsätzlich nicht vor Ablauf der achten Woche abgegeben (der Zuchtwart tätowiert die Welpen mit acht Wochen). Besuchen Sie Ihren Welpen in diesen 8 Wochen. Dabei haben Sie Gelegenheit, Züchter, Zuchtstätte und Zuchthündin kennen zu lernen und zu beobachten!

▶ **Prägung**

Mancher Züchter meint, wenn die Welpen schon hören und munter herumlaufen, seien die schlimmsten Klippen überwunden. Er ist froh, daß er sich

Geben Sie Ihrem Hund ausreichend Zeit, sich mit Ihnen vertraut zu machen. Bedrängen Sie ihn nicht, Vertrauen wird behutsam aufgebaut.

damit sind auch fremde Menschen gemeint, in Berührung gekommen sind, werden dem Menschen gegenüber bedauerlicherweise immer ein gestörtes Verhältnis haben.

Tatsache ist, daß die Entscheidung, wie ein Hund sich einmal zeigen wird, in den wenigen ersten Wochen beim Züchter gefallen ist.

> **TIP**
> *Erteilen Sie Hundehändlern eine klare Absage! Ein verhaltensgestörter Dackel mag für seinen neuen Besitzer eine Plage sein – ein kraftstrotzender wesensgestörter Rottweiler wird ein ernstes Problem darstellen!*

Häufig trifft man auf das Argument: „Ich brauche keinen Hund mit Papieren, ich will ja nicht züchten." Bedenken Sie immer, daß Ahnentafeln eine Art Gesundheitszeugnis sind. Nur von zur Zucht geeigneten, selektierten Tieren können Welpen mit Stammbaum abgegeben werden. Welche umfangreichen Überprüfungen ein gewissenhafter Rassezuchtverein zur Zuchtauswahl vornimmt, ist an anderer Stelle ausführlich beschrieben (Seite 96).

▶ Rüde oder Hündin?

Oft wird diese Frage aufgeworfen, die sich nicht generell beantworten läßt Eine Hündin ist in der Regel etwas umgänglicher, nicht so dominant. Hündinnen bekommen zweimal pro Jahr die „Hitze", werden läufig und müssen von Rüden ferngehalten werden. Manche Hündin kämpft anschließend mit einer Scheinträchtigkeit. Hier gilt es dann, die Hündin nicht zu bemuttern,

nicht dauernd mit ihnen abgeben muß, weil sie die letzten drei oder vier Wochen bis zu ihrem Verkauf ganz von selbst fressen und wachsen.

Damit hat er gleichzeitig den Entschluß gefaßt, die bis dahin ordentliche Entwicklung abrupt zu beenden. Was hier versäumt wird, ist nie mehr nachzuholen! Hunde, die reizarm und isoliert aufwachsen, werden auch in ihrer Lernfähigkeit gehemmt. Welpen, die bis zur 6. Woche nicht mit Menschen,

Die Wahl des richtigen Züchters

☐ Der Züchter stellt Fragen nach Ihrem Umfeld.

☐ Der Züchter beantwortet bereitwillig Ihre Fragen.

☐ Der Züchter bietet Ihnen Hilfestellung auch nach dem Kauf an.

☐ Man drängt Sie nicht zum Kauf.

☐ Die Welpen haben FCI-Papiere des VDH (bzw. SKG, ÖKV) und werden geimpft, entwurmt und mit Papieren abgegeben. Über den Kauf wird ein Vertrag geschlossen.

☐ Die Elterntiere bzw. die Linie wurde auf HD untersucht.

☐ Es ist möglich, die Welpen vor der Abgabe zu besuchen, sich mit ihnen zu beschäftigen und zum Beispiel die Fütterung zu beobachten.

☐ Die Zuchtstätte und die Welpen machen einen sauberen und gepflegten Eindruck.

☐ Die Hündin ist umgänglich.

☐ Die Welpen werden frühestens mit acht Wochen abgegeben.

☐ Die Welpen lernen vielfältige Umwelteindrücke und Geräusche kennen, kommen mit anderen Tieren, mit unterschiedlichen Menschen – auch Kindern – zusammen und lernen bereits Umwelteinflüsse kennen.

Gesundheitscheck beim Welpenkauf

☐ munteres, neugieriges und aufmerksames Verhalten; der Welpe ist nicht scheu oder desinteressiert

☐ Ohren ohne Verschmutzungen

☐ Augen ohne Ausfluß oder Trübungen, Lider fest anliegend

☐ Nase ohne Ausfluß

☐ kein Nabelbruch (fassen Sie dem Welpen unter den Bauch), kein aufgeblähter Bauch

☐ Knochen kräftig

☐ vitaler Gesamteindruck

sondern sie abzulenken und zu beschäftigen und kühlende Umschläge auf das angeschwollene Gesäuge zu machen.

Rüden wiederum haben das Bedürfnis, überall ihre „Marke" zu setzen, zeigen bisweilen Imponiergehabe und Dominanzverhalten im Umgang mit anderen Rüden, was einem rasseunerfahrenen Neuling durchaus Schweißperlen ins Gesicht treiben kann. Außerdem vergessen die Rüden alle gute Erziehung, wenn sie irgendwo den attraktiven Duft einer läufigen Hündin wahrnehmen.

► Den Welpen auswählen

Ob Sie das Glück haben, einen Welpen aus einem Wurf aussuchen zu dürfen oder nicht, der Welpentest hilft Ihnen, die Persönlichkeit Ihres neuen Hausgenossen einzuschätzen und erleichtert Ihnen den künftigen Umgang mit dem Hund, trägt aber möglicherweise auch zu der Entscheidung bei, einen bestimmten Welpen gar nicht erst ins Haus zu nehmen.

WELPENTEST ► Ursprünglich für die Auslese von Welpen für die Ausbildung zu Blindenführhunden entwickelt, vermittelt das Testen von 6 – 7 Wochen alten Welpen, das – richtig gemacht – dem Hund nicht schadet, ein ziemlich klares Bild von angeborenen und angelernten Verhaltensweisen. Das hilft, zukünftig unerwünschtes Verhalten zu vermeiden. Noch kann in der folgenden Sozialisierungsphase zwischen der 8. und 12. Woche Versäumtes nachgeholt und falsch Angelerntes korrigiert werden. Selbst mit der 16. Woche hört diese Phase des Lernens nicht auf. Sein ganzes Leben lang lernt ein Hund, gewöhnt sich etwas an oder ab. Es dauert nur erheblich länger und kostet viel mehr Zeit und Geduld, als wenn man mit dem Welpen schon den richtigen Weg einschlug.

Der Test legt das für einen Familienhund erwünschte Verhalten zugrunde. Er wird am besten im Alter von 6 – 7 Wochen durch eine dem Welpen unbekannte Person und an einem Testort, der frei von störenden Einflüssen ist, durchgeführt. Um eine klare Diagnose zu stellen, sollte man den Test nicht mehrmals vornehmen. Lernverhalten und Gewohnheit würden das Bild positiv verfälschen.

Spielerisches Knabbern darf nicht als aggressives Beißen ausgelegt werden;

1 Kommen

Testen des Annäherungsverhaltens als ein Teil der Prägung. Tester lockt Welpen an.

4 kommt direkt, springt hoch, knabbert, leckt

3 kommt direkt, gibt Pfote

2 kommt geradewegs, aber gleichgültig, gelassen

1 kommt nicht direkt, erkundet die Umgebung

0 kommt nicht, kriecht weg, ist erstarrt

2 Zwangshaltung

Testen der Unterwürfigkeit als Teil der Sozialisierung. Der Welpe wird mit einer Hand über der Brust auf dem Rücken liegend an der Bewegung gehindert und festgehalten.

4 kein Widerspruch, entspannt, leckt evtl.

3 wehrt sich etwas, ruhig, entspannt

2 wehrt sich anhaltend, strampelt, angespannt

1 wehrt sich anhaltend, knurrt, beißt

0 erstarrt, klemmt Rute zwischen die Beine

3 Nachlaufen

Teil der Prägung. Tester läuft vor dem Welpen her, Lockrufe sind erlaubt.

4 folgt sofort, springt, knabbert, leckt

3 folgt sofort, fröhlich wedelnd

2 folgt zögernd, gleichgültig, gelassen

1 folgt nicht, erkundet selbst die Umgebung

0 folgt nicht, kriecht weg, erstarrt

4 Streicheln

„Vereinnahmen" als Teil der Prägung. Sitzender oder stehender Welpe wird über den Kopf und Körper gestreichelt.

4 springt auf, knabbert, leckt, spielt
3 gibt Pfote, positiv aktiv
2 übergeht es gleichgültig, gelassen
1 passiv oder entzieht sich, knurrt oder beißt
0 erstarrt

5 Hochheben

Testen einer Zwangshaltung als Teil der Sozialisierung.

4 kein Widerstand, entspannt, leckt evtl.
3 wehrt sich etwas, ruhig, entspannt
2 wehrt sich anhaltend, strampelt, gespannt
1 wehrt sich anhaltend, knurrt, beißt
0 erstarrt

6 Kneifen

Test der physischen Härte (wichtig für Erziehungsmaßnahmen). In Flankennähe wird der Welpe gekniffen.

4 reagiert deutlich unterworfen, entspannt
3 reagiert nicht deutlich unterworfen
2 übergeht es gelassen, reagiert kaum
1 reagiert nicht, knurrt, beißt
0 schreit furchtbar oder erstarrt

7 Apportieren

Testen der Arbeitsbereitschaft. Interessant für Menschen, die sich mit ihrem Hund sportlich betätigen wollen. Ein Ball wird sichtbar weggerollt.

4 läuft nach, nimmt ihn (apportiert)
3 läuft hinterher
2 reagiert zögernd, gleichgültig
1 reagiert gar nicht, sieht aber den Ball
0 erstarrt

Beißen und Knurren jedoch als aggressiv-dominant. Die einzelnen Teststufen sollten mindestens 30 Sek. dauern.

Der Test wurde von Jan de Wit, einem Bearded Collie-Züchter, unter Zugrundelegung eigener Forschungsarbeiten sowie der Tests von Campbell/Frijlink und Pfaffenberger entwickelt. Teil 6 und 7 sind von Pfaffenberger (1976). Man kann diese Testteile durch Geräusch- und Schreckeffekte erweitern.

AUSWERTUNG DER TESTS ▶   Die Testteile müssen gesondert gewertet werden. Das Ergebnis ist mehr als die Summe der einzelnen Testergebnisse. Es ist daher nicht sinnvoll, einen Welpen mit der Gesamtpunktzahl zu charakterisieren. Aber es ist möglich, folgende Gruppen zu bewerten:

1, 3 und 4 sind der Prägetest.
1 und 5 sind der Sozialisierungstest.
2, 6 und 7 müssen gesondert gewer-

tet werden, weil beide mehr über die genetisch bestimmten Anlagen bzw. über Härte / Empfindsamkeit und vorhandene / keine Arbeitsbereitschaft aussagen. Das Apportieren kann schon in sehr frühem Alter erlernt werden.

ANMERKUNG ▶ Unterwürfigkeit darf nicht mit Ängstlichkeit verwechselt werden. Unterwürfigkeit einer überlegenen Person gegenüber ist normal. Auch wenn manchen Menschen ein dominanter Welpe imponieren mag, so muß er doch gut abwägen, ob er wirklich einen Hund in seiner Familie gebrauchen kann, mit dessen Verhalten er sich entsprechend auseinandersetzen muß, um einen angenehmen Familienhund zu bekommen. Hierzu gehört viel Sachverstand in Hundeverhalten und Erziehung. Wer bisher keine Erfahrung mit Hunden hatte, sollte sich nicht überschätzen! Auch werden Familien mit Kleinkindern besser mit einem Welpen der Kategorie vier und drei fahren!

▶ Abholen

Bevor Sie Ihren Welpen abholen, haben Sie sich mit ihm durch Besuche der Zuchtstätte vertraut gemacht. Bei einem Ihrer letzten Besuche bringen Sie dem Züchter eine Decke mit, die er zu der Hündin und den Wurfgeschwistern legt. Kommen Sie nun, um Ihren neuen Weggefährten abzuholen, nehmen Sie diese Decke mit, an der die Gerüche der Mutter und der Wurfgeschwister haften. Sie wird Ihrem neuen Kameraden die Eingewöhnung erleichtern.

Müssen Sie auf dem Weg nach Hause längere Zeit mit dem Wagen fahren, sollten Sie unbedingt Pausen

▶ Bewertung

Ergebnisse anhand der durchschnittlichen Punktzahl:

4 Gut geprägter und sozialisierter Welpe. Er ist begeistert und weiß, was unterwürfig ist.

3 Geprägter und recht gut sozialisierter Welpe, bei etwas Nachdruck zeigt er Unterwürfigkeit.

2 Mäßig sozialisierter Welpe, er reagiert ziemlich gleichgültig, hat wenig Kontakt, kann sich dominant entwickeln, wenn die richtige Erziehung fehlt.

1 Dominanter Welpe, der immer selbst die Regeln bestimmt, schlecht sozialisiert.

0 Ängstlicher Welpe, wahrscheinlich nicht auf Menschen geprägt, schlecht sozialisiert.

▶ TIP

Ein verantwortungsvoller Züchter wird Ihnen einen Futterplan und einige Ratschläge sowie Futter für die ersten Tage mitgeben.

einlegen, in denen Sie selbstverständlich besondere Obacht auf den sich in einer völlig fremden Umgebung befindlichen Welpen geben sollten. Auch zu rasantes Fahren ist zu vermeiden, da sich hier womöglich schon ein unnötig negativer Eindruck einprägen könnte, der nur schwerlich wieder zu beheben ist.

ROTTWEILERZWINGER XYZ
KAUFVERTRAG

Herr / Frau:

Anschrift:

kauft von oben angegebenem Zwinger einen Rottweiler wie folgt:

Rottweiler Rüde ☐   Hündin ☐

Name:

Wurftag: Zuchtbuchnummer:

eingetragen im Zuchtbuch des Allgemeinen Deutschen Rottweiler Klub / zur Eintragung gemeldet.

am: für DM: in Worten:

Die Ahnentafel des gekauften Hundes wird nach Erhalt vom Zuchtbuchamt dem Käufer sofort zugestellt.
Der Verkäufer leistet für die Richtigkeit der in der Ahnentafel bzw. in der Meldung zum Zuchtbuchamt enthaltenen Angaben Gewähr. Er versichert, daß ihm irgendwelche Krankheiten oder verborgene Mängel des Hundes nicht bekannt sind.
Der Käufer bescheinigt, den Hund besichtigt zu haben. Er verzichtet darauf, später Ansprüche geltend zu machen, die sich auf später in Erscheinung tretende Krankheiten oder Wesenseigenschaften beziehen, die nicht vom Züchter verschuldet sind.
Er bescheinigt dem Verkäufer, von diesem eingehend über wichtige gesundheitliche Vorsorgemaßnahmen, Ernährung und Erziehung aufgeklärt worden zu sein und schriftliche Informationen sowie das zum Welpen gehörende Impfbuch erhalten zu haben.
Er sichert dem Verkäufer ausdrücklich das Vorkaufsrecht zu.
Der Verkäufer übergibt den Welpen unter Vorbehalt der Richtigkeit der Angaben des Käufers über die beabsichtigte Haltung des Tieres. Ein Rücknahmerecht bei nicht artgerechter Haltung des Tieres, gegen Erstattung des Welpenpreises, wird ausdrücklich vereinbart.
Beide Parteien erhalten je ein Exemplar dieses Vertrages.

Verkäufer   Käufer

Die Grundausstattung

☐ Lederhalsband: zum Schnallen, ohne Zug

☐ Leine: aus Leder oder Textilgewebe, ca. 1 m lang

☐ Adress-Schildchen oder -plombe: zum Anhängen ans Halsband

☐ Wasser- und Futternapf: standfest, stabil und leicht zu reinigen (aus Leichtmetall oder Steingut; Plastikschüsseln sind weniger geeignet)

☐ Futter: gemäß den Empfehlungen des Züchters

☐ Büffelhautkauknochen, Hundekuchen o.ä.

☐ Körbchen: aus Pappe, mit waschbarer Decke als Einlage. (Der Rottweiler hat schnell eine Größe erreicht, die ein Körbchen überflüssig macht. Die mittlerweile mit seinem Geruch behaftete Decke wird dann alleine angeboten.)

☐ Spielzeug: Bälle oder Quietschtiere aus Latex, Seilknoten usw.

☐ Kamm und Bürste oder Pflegehandschuh

☐ Zeckenzange

Holen Sie den Welpen möglichst früh am Tag ab, damit er vor seiner ersten Nacht in einer fremden Umgebung ausreichend Zeit hat, sich an sein neues Umfeld zu gewöhnen.

Eine zweite Person sollte Sie begleiten, damit sich während der Fahrt jemand mit dem Welpen beschäftigen kann.

▶ Eingewöhnen

Können Sie sich noch an Ihren ersten Schultag erinnern? – Die meisten von uns haben ihn ängstlich erlebt. So wird es auch Ihrem Welpen ergehen, den Sie nun in Ihr Haus nehmen, er wird seine Mutter vermissen, seine Wurfgeschwister!

In seiner neuen Umgebung – Ihrer Wohnung – sollten Sie ihm ausreichend Gelegenheit geben, alles vorsichtig zu entdecken. Auch wenn Ihr Stolz auf den Mittelpunkt der Familie es verständlich erscheinen läßt: der Welpe sollte nicht gleich am ersten Tag von Oma und Nachbarn, von eigenen Kindern und Freunden unentwegt bedrängt werden. Lassen Sie ihm Zeit, jeden Tag Neues zu entdecken, überfordern Sie ihn nicht. Sinnvoll ist es, ihm

erst Sicherheit und somit erstes Selbstbewußtsein zu ermöglichen.

Dies gilt auch später für den ausgewachsenen Hund; nichts ist frustrie-
render für einen Hund, als sich nur
ständigen Verboten und Kommandos
ausgesetzt zu sehen, was bei einer
reinen Wohnungshaltung leicht geschehen kann. Ideal ist die Kombina-
tion von Wohnungshaltung und ge-
räumiger Außenanlage, in die der Rottweiler stundenweise oder – noch besser
– nach eigenem Verlangen bleiben
kann. Eine gut isolierte Hundehütte an

einem trockenen Platz wird gerne angenommen. Die Hütte sollte nicht übermäßig groß sein, so daß der Hund sie
mit der eigenen Körperwärme tempe-
rieren kann.

TIP

*Lassen Sie das junge Tier schlafen
soviel es will, wecken Sie den Welpen niemals zum Spiel. Der Kleine
sollte auch immer die Gelegenheit
haben, sich aus eigenem Verlangen
auf seinen Platz zurückziehen zu
können.*

**Neugierig erkundet
der junge Rottweiler
seine Umgebung.
Junghunde und Wel-
pen lernen dadurch
fürs Leben.**

▶ **Sicherheit für den Welpen**

☐ Der Garten ist von einem stabilen Zaun umgeben, der mindestens 180 cm hoch ist.

☐ Es liegen keine Stromkabel herum, die der Welpe anknabbern könnte.

☐ Treppen und Balkone sind mit einem Gitter gesichert.

☐ Giftige und stachelige Zimmerpflanzen sind für den Welpen unerreichbar aufgestellt.

☐ Reinigungsmittel, Chemikalien und Medikamente werden stets weggeräumt.

☐ Für Momente, in denen der Welpe einmal nicht sicher beaufsichtigt werden kann, empfiehlt sich ein Welpengatter (Spielzeug nicht vergessen).

▶ **Die erste Nacht**

Die vertraute Decke haben Sie Ihrem Welpen an einer Stelle plaziert, die nicht nach allen Seiten offen ist, von der er aber überschauen kann, was im Raum vor sich geht.

Nach all den Aufregungen des ersten, erlebnisreichen Tages wird Ihr Welpe erschöpft sein. Hat er in den späten Abendstunden seine letzte Mahlzeit erhalten und sich noch einmal gelöst, nimmt er den ihm zugedachten Platz auf der schon erwähnten Decke ein. Um den Herzschlag der Hündin zu simulieren, kann man einen Wecker in ein Bade- oder Handtuch wickeln und dem Knirps mit auf sein Lager geben. Auf jeden Fall müssen und sollten Sie sich anfangs auf kurze Nächte einstellen. Auch wenn das Winseln oder Jaulen in der ersten Nacht herzzerreißend sein kann – hat der Welpe erst einmal erkannt, daß sein Schreien den erwünschten Erfolg bringt und Sie besorgt zu ihm eilen, werden Sie einen schweren Stand haben. Hier ist es sinnvoller, ihm die ersten Nächte dadurch zu erleichtern, daß Sie sich abends sehr spät von ihm trennen und sehr früh wieder in seiner Nähe sind. Die Zeiträume des Alleinseins sollten dann allmählich verlängert werden.

Sprechen Sie vorher mit Ihren Nachbarn und weisen Sie darauf hin, daß Ihr Hundekind anfangs etwas Unruhe bescheren könnte. So angesprochene Mitmenschen zeigen in der Regel Verständnis, und Sie brauchen nicht in Hektik zu geraten.

▶ **Stubenreinheit**

Eine gute Beobachtung des Welpen in der ersten Zeit trägt wesentlich zu einer schnellen Stubenreinheit bei. Grundsätzlich gilt, daß ein Welpe nach dem Erwachen aus dem Schlaf und nach der Nahrungsaufnahme das Verlangen spürt, sich zu lösen. Wenn Sie diese Grundregel beachten und ihn jeweils sogleich zu dem ihm bestimmten Löseplatz bringen, wird sich der Erfolg rasch einstellen. Beobachten Sie, daß der Kleine sein Geschäft machen will, bevor Sie am „Örtchen" angelangt sind, nehmen Sie den Hund auf den Arm. Dadurch hält er sein Geschäft einige Zeit auf.

Eine weitere Möglichkeit besteht darin, in der Nähe seines Lagers einige Zeitungen auszubreiten, auf denen er sein „Geschäft" machen darf. Nach und nach legen Sie die Zeitungen näher zum und schließlich außen vor den Ausgang (hier ist natürlich ein eigener Garten mit direktem Zugang hilfreich).

Wird der kleine Rotti unmittelbar bei einem Malheur in der Wohnung erwischt, sollte ein energisches „Nein" folgen und der Welpe hinausgebracht werden. Auch ein Nackenschütteln ist angebracht, in Verbindung mit der verbalen Unmutsäußerung; doch achten Sie darauf, daß Sie Ihren neuen Hausgenossen nur unmittelbar dann für sein Fehlverhalten rügen, wenn er den Tadel mit seinem Verhalten verknüpfen kann. Schon wenige Augenblicke später weiß er nicht, warum Sie ihn tadeln, und Sie verlieren nur unnötig Vertrauen bei dem Kleinen.

Ein wichtiger Grundsatz sollte aber beachtet werden: Bleiben Sie bei der Erziehung des Welpen und später des erwachsenen Hundes immer konsequent. Ja ist ja, und nein bleibt nein, für immer! Dies gilt für alle Familienmitglieder, keiner darf Ausnahmen zulassen.

▶ Welpenspieltage

Wie wichtig das Spiel, vor allem aber das Spiel mit Artgenossen, ist, wird immer wieder unterschätzt. Im Wolfs- oder Hunderudel lernen die Junghunde durch die Erfahrungen mit ihren Artgenossen sozusagen „spielerisch" für ihr

Rottweiler sind bekannt für ihren Beschützerinstinkt, der sich nicht nur auf Menschen beschränkt. Im Haushalt lebende kleine Tiere werden ebenfalls liebevoll behütet.

Wen es nicht stört ... Wird dem Hund im Welpenalter nicht klargemacht, was für ihn tabu ist, können ausgewachsene Hunde durchaus besitzergreifend sein.

späteres Leben. Im Miteinander der „Hundefamilie", dem Rudel, werden wichtige Erfahrungen für das spätere Leben gewonnen und hundliche Verhaltensweisen eingeübt.

Sobald ein ausreichender Impfschutz besteht, sollten Sie dem Kleinen die Möglichkeit bieten, mit gleichaltrigen Artgenossen zu spielen. Achten Sie jedoch darauf, daß der Welpe nicht überfordert wird, daß Alter und Größe

der Spielgefährten stimmen. Bei dem noch jungen Hund sind Bänder und Knochen noch nicht gefestigt und besonders verletzlich. Sie sind gefordert, ihm ein Höchstmaß an Spielgelegenheit zu bieten und dabei dafür zu sorgen, daß nicht durch Unachtsamkeit seine gesunde körperliche Entwicklung gehemmt wird, jedoch ohne ihn – und dies ist wichtig – durch übertriebene Besorgnis und ständiges Eingreifen der Möglichkeit zu berauben, Selbstbewußtsein, Selbstsicherheit aufzubauen und eigene Erfahrungen zu machen.

In friedlicher Grundstimmung begrüßen diese Rottweiler Passanten. Es wäre jedoch fatal zu glauben, daß diese Hunde einen Fremden problemlos auf das Grundstück lassen.

Mittlerweile bieten auch einige Vereine entsprechende Welpenspieltage, sogenannte Prägungsspieltage an. Haben Sie Ihren Rottweiler bei einem gewissenhaften Züchter gekauft, wird er Sie sicher bei Fragen unterstützen.

▶ Rechtliches

Als Hundehalter haften Sie für alle Schäden, die Ihr Hund anrichtet. Schon die sogenannte „Tiergefahr" beinhaltet einen grundsätzlichen Haftungsanspruch. Für verantwortungsbewußte Hundehalter, nicht nur von Rottweilern, sollte eine Hundehalter-Haftpflichtversicherung erste Pflicht sein. Schon ein Welpe, oder gerade er, kann durch noch fehlende Ausbildung oder durch Ungehorsam einen Unfall auslösen. Oft unterschätzen Neuhundehalter auch die Kreativität der Vierbeiner, wenn es darum geht, im

---

▶ TIP

Es besteht die Möglichkeit, eine Hundekrankenversicherung abzuschließen. Nähere Auskünfte kann Ihnen hierzu Ihr Tierarzt geben.

---

falschen Moment das Falsche zu tun. Rasch ist ein Radfahrer durch neugieriges Hinzulaufen ohne jede böse Absicht zu Fall gebracht, die Folgen für Hundehalter und Hund können fatal sein!

Einige Kommunen gewähren übrigens einen Steuernachlaß für ausgebildete Hunde, genauso gibt es Haftpflichtversicherungen, die bei einer nachgewiesenen Begleithundprüfung (die natürlich bestanden sein muß!) einen Nachlaß einräumen.

Zudem kann es manchmal hilfreich sein, jederzeit, z.B. bei ungerechtfertigten Vorwürfen, den Nachweis erbringen zu können, einen ausgebildeten, umgänglichen Hund zu haben.

Auch hier schließt sich wieder der Kreis: Es ist zu empfehlen, sich einem kompetenten, auf die Besonderheiten des Rottweilers eingestellten Verein anzuschließen. In einer Zeit, in der eine ständig zunehmende Sensibilisierung unserer Gesellschaft einhergeht mit Intoleranz und Ignoranz, erscheint es zwingend nötig, dafür Vorsorge zu treffen.

Gesunde Ernährung

Gesunde Ernährung

▶ Welpe

Für den Züchter sollte es selbstverständlich sein, Ihnen einige Fütterungshinweise mit auf den Weg zu geben. In der Regel wird auch das Futter für die ersten Tage mitgegeben. Bedenken Sie, daß es für den Welpen einen gravierenden Einschnitt darstellt, wenn Sie abrupt das Futter wechseln. Eine Umstellung muß behutsam vorgenommen werden, ein plötzliches Umstellen kann schwerwiegende Durchfälle, ja sogar den Tod des Welpen hervorrufen.

Dem neuen Hausgenossen werden Sie in der ersten Zeit vier Mahlzeiten reichen. Nachstehend ein Ernährungsplan, mit dem wir bei unseren Welpen beste Erfahrungen gemacht haben.

1. MAHLZEIT, MORGENS ▶ Eine Tasse Milch mit Getreideflocken aufkochen und zu einem sähmigen Brei anrühren. Ist der Brei abgekühlt, 1 Teelöffel Honig und $1/2$ Teelöffel Traubenzucker hinzugeben. Dies wird vom Welpen sehr gerne angenommen.

Etwas später: Eine Tasse gutes Trockenfutter (mit ca. 29 – 30 % Rohprotein und einem verwertbaren Eiweißgehalt von 13 – 15 %) nachreichen. Hierin sind alle wichtigen Mineralien enthalten, die Ihr Welpe benötigt, außerdem wird das Gebiß gekräftigt.

Bitte verwenden Sie eine Futtermittelmarke, von der auch Menüs angeboten werden, da diese aufeinander abgestimmt sind und sich ergänzen; also nicht Trockenfutter der Firma A und Menü der Firma B. Dazu bedürfte es schon umfangreicherer Kenntnisse!

2. MAHLZEIT, MITTAGS ▶ Reis oder Nudeln mit 150g Fleisch (Muskelfleisch, Kopffleisch, Blättermagen, Pansen, wobei Blättermagen und Pansen roh, alles andere abgekocht verwendet wird; den Sud bitte für die dritte Mahlzeit aufbewahren). Eventuell noch eine gute Flocke untermischen. Bleibt übrigens an Ihrem Mittagstisch ungewürztes Gemüse übrig (auch Kartoffeln), bietet es sich an, hiervon etwas unter die Mahlzeit zu geben.

3. MAHLZEIT, NACHMITTAGS ▶ Menü mit lauwarmem Wasser oder besser dem Sud des Fleisches oder dem Sud von ausgekochten Kalbsknochen (Markknochen, bitte nur Rind) anreichern. Die erwähnten ausgekochten Knochen darf man niemals dem Welpen geben, denn gekochte Knochen splittern, können sich im Darm festsetzen und Durchfall und/oder Erbrechen hervorrufen.

Der Sud läßt sich übrigens problemlos einige Tage im Kühlschrank aufbewahren und wird dann vor Gebrauch portionsweise erwärmt. Man kann ihn auch in Portionen einfrieren, wodurch ein zu großer Aufwand erspart bleibt.

4. MAHLZEIT, ABENDS ▶ Eine Tasse Trockenfutter.

Der Welpe wird von selbst anzeigen, wann Sie auf drei Mahlzeiten reduzieren können. Meist verschmäht er nach zwei bis drei Wochen die Getreideschleimmahlzeit.

Die tägliche Futterration wird beim erwachsenen Hund auf zwei Mahlzeiten verteilt, um einer Magendrehung vorzubeugen.

„Das war lecker!" Ein gesunder Rottweiler frißt jede Mahlzeit zügig auf.

Außerdem können Sie täglich noch einen Eßlöffel Distelöl unters Futter mischen, dies ist gut für das Fell und regt zudem den Appetit an, der allerdings beim Rotti ohnehin ausgeprägt vorhanden ist.

▶ **Junghund**

Reduzieren Sie ab dem 5. Lebensmonat des Rottweilers den Proteingehalt des Futters auf 24, höchstens 26 % Rohprotein, der Fettgehalt sollte unverändert bleiben.

Der Rottweiler gehört zu den lange wachsenden Rassen; wird das Wachstum zu sehr forciert und Ihr Welpe „schießt" in die Höhe, besteht die Gefahr, daß sich Wachsstumstörungen er-

geben. Bänder und Knochen halten dann mit der Wachstumsgeschwindigkeit nicht Schritt. Die Folge ist, daß Ihr Junghund ohne sichtbare äußere Einwirkung zu humpeln beginnt. Auch sind negative Auswirkungen auf Hüfte und Ellbogen zu befürchten. (Lesen Sie hierzu bitte auch die Beiträge über rassespezifische Krankheiten ab Seite 55) Hier muß eindringlich gewarnt werden: Weniger ist oft mehr!

Ihr Junghund ist zwischenzeitlich auf drei Mahlzeiten eingestellt. Wie bereits erwähnt, bleibt es Ihnen überlassen, wie Sie die Mahlzeiten variieren. Im Prinzip liegt die Änderung gegenüber den ersten Monaten nur in dem reduzierten Proteingehalt.

▶ Erwachsener Hund

Schließlich hat Ihr Hund Ihnen signalisiert, daß er nur noch zwei Mahlzeiten benötigt, indem er immer häufiger einen Napf verschmäht. Doch diese zwei Mahlzeiten sollten Sie beibehalten, auch wenn dank Ihrer umsichtigen Aufzucht Ihr Junghund zu einem stattlichen Gebrauchshund gereift ist. Eine zu gewaltige Futtermenge bei nur einer Mahlzeit am Tag birgt die Gefahr einer Magendrehung, die bei zu temperamentvollem Gehabe entstehen kann. Der Verlauf ist tödlich, wenn nicht rasche tierärztliche Hilfe erfolgen kann.

Ihr Hund sollte nach den Mahlzeiten daher auch ruhen.

▶ Fütterungs-Tips

Bedenken Sie bitte, daß es unterschiedliche Futterverwerter gibt. Füttern Sie Ihren Welpen mit Augenmaß und niemals zu fett! Hierdurch würden

> ### ▶ TIP
>
> *Das Futter sollte nur eine begrenzte Zeit für den Hund bereitstehen und keinen Tummelplatz für Fliegen bieten. Verschmäht der Hund seine Mahlzeit, entfernen Sie nach einer angemessenen Zeit den Napf. Übrigens liegt es in der Natur des Hundes, seine Mahlzeit zu verschlingen; schließen Sie daraus nicht unweigerlich, daß Ihr Hund noch hungrig ist.*

Ein Rottweiler, der vom Welpenalter an mit allem vertraut gemacht wurde, wird auch die wackelige Waage gelassen hinnehmen. Übung im Welpen- und Junghundalter erspart Streß, wenn der Hund ausgewachsen ist und Unbekanntes von ihm verlangt wird.

► Wie oft füttern?

Alter	Anzahl Mahlzeiten
bis ca. 11 Wochen	4 pro Tag
bis ca. 5 Monate	3 pro Tag
ab 5 Monate	2 pro Tag

die noch ungefestigten Bänder und die noch weichen Knochen unnötig belastet.

Bieten Sie dem Welpen zwischendurch ruhig Obst, Joghurt oder rohes Gemüse an (mit einer Möhre beschäftigen sie den Hund, er reinigt sich die Zähne und kräftigt das Gebiß). Wird dies von dem Kleinen angenommen, sollten Sie die Portionen der übrigen Mahlzeiten entsprechend reduzieren.

Grundsätzlich ist es sinnvoll, den Welpen abwechslungsreich zu ernähren und ihm unterschiedliche Mahlzeiten zu bieten. Zum einen soll verhindert werden, daß er einseitig ernährt wird, andererseits aber auch vermieden werden, daß er sich ausschließlich auf eine Futtersorte oder -marke einstellt und womöglich später alles andere angebotene Futter ablehnt.

Zur richtigen Aufzucht und Erziehung in Hinblick auf Ihre Position als Rudel-Chef gehört auch, daß Sie dem kleinen Rotti die Futterschüssel zwischendurch wegnehmen können, ohne daß er Sie anknurrt. Legen Sie ihm etwas, das er besonders gerne mag, dazu, und stellen Sie die Schüssel zurück. Er wird lernen, daß es für ihn positiv sein kann, wenn Sie ihm den Napf einmal zwischendurch wegnehmen. Bestärken Sie ihn jedoch in seinen Drohgebärden (zugegeben, es ist schon lustig, wenn so ein Knirps knurrt), indem Sie sich

beeindruckt zeigen, haben Sie den Grundstein für ein ernstes Rangordnungsproblem gelegt. Bedenken Sie immer, daß ein Rottweiler nichts vergißt, nie!

Sollte der Welpe einmal Durchfall haben, kann Reis mit Huhn gefüttert werden. Den Reis so abkochen, daß kein Wasser übrigbleibt. Wichtig ist, den Flüssigkeitsverlust auszugleichen, denn Welpen können bei Durchfall rasch austrocknen. Bieten Sie ihm daher Tee an. Verweigert er diesen, können Sie ihm mittels einer Spritze (ohne Nadel) die Flüssigkeit direkt in den Fang geben. Hält der Durchfall länger als einen Tag an, unbedingt zum Tierarzt gehen!

► Snacks und Kauartikel

Hundebisquitknochen, Büffelhautknochen, getrocknete Schweineöhrchen, Kalbs- oder Ochsenziemer benötigt Ihr Rottweiler zur Reinigung und Kräftigung des Gebisses.

Es sollte auch in Ihrem Interesse liegen, dem Welpen gerade in der Zeit des Zahnwechsels so etwas anzubieten, da er sonst sicherlich selbst für Ersatz sorgt: kleine Rottis sind sehr kreativ, wenn es darum geht, in der Wohnung etwas zum Benagen zu finden.

► Ergänzungsfutter

Nehmen Sie Abstand von Kalzium- oder Vitamintabletten jeglicher Art. In dem hochwertigen Futter, für das Sie sich entschieden haben sollten, ist alles ausreichend und ausgewogen enthalten! Zuviel Kalzium z.B. kann Ablagerungen an den Knochen hervorrufen. Die einzige Ausnahme, die wir bei der Aufzucht machen, ist, wenn der Zahnwechsel einsetzt. Hat Ihr Welpe den er-

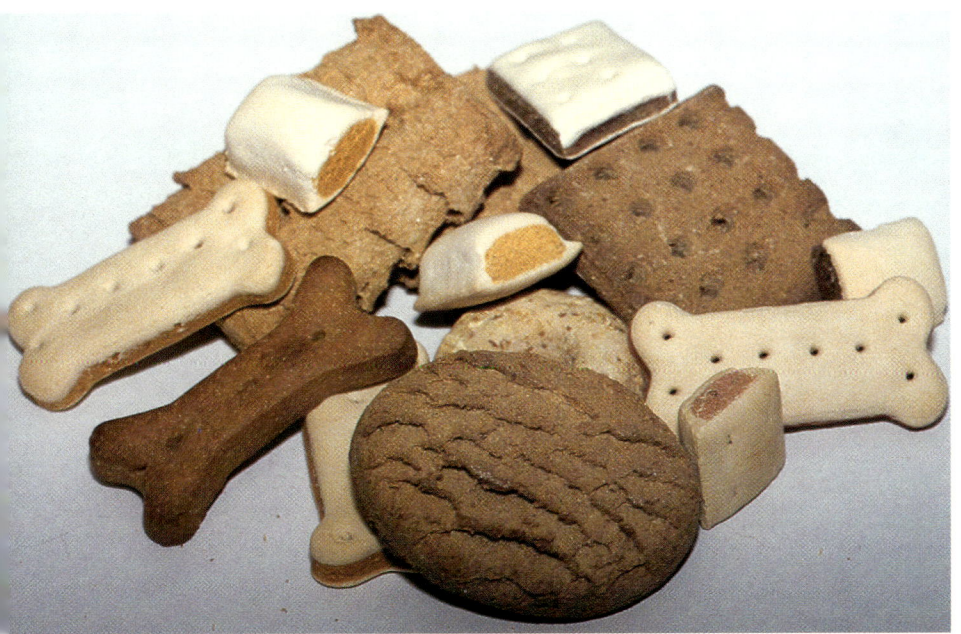

Der Zoofachhandel bietet eine Vielzahl von Kauartikeln an. Einige eignen sich zur Kräftigung und Reinigung des Gebisses.

sten Milchzahn verloren, besorgen Sie 20 Calcium-Forte-Trinkampullen und verabreichen, mittels einer Spritze direkt in den Fang, eine Einheit täglich.

▶ **Wasser**

Daß für den Vierbeiner jederzeit ausreichend frisches Wasser bereitstehen sollte, versteht sich von selbst.

▶ Was darf man nicht füttern?

☐ gewürzte oder gesalzene Speisereste

☐ rohes Schweinefleisch (es kann die Erreger der für den Menschen harmlosen, beim Hund aber tödlich verlaufenden Aujeszkyschen Krankheit enthalten)

☐ rohes Eiweiß (zerstört das wichtige Biotin)

☐ Knochen (sie splittern, können zu Verletzung in Maul, Schlund und Verdauungstrakt und zu ausgeprägten Verstopfungen führen)

☐ Süßigkeiten und Schokolade (der Zucker schadet dem Hund)

Richtige Pflege

Richtige Pflege

Der Rottweiler ist mit seinem kurzen Haar recht anspruchslos, was den Pflegeaufwand betrifft. Einige Handgriffe sind jedoch auch bei ihm wichtig und sollten regelmäßig durchgeführt werden. Dazu sollten Sie bereits den jungen Welpen daran gewöhnen, daß er sich von Ihnen überall am Körper anfassen und abtasten läßt, ohne dagegen zu protestieren. Wenn Sie diese Übungen mit Schmusen und Spiel verbinden, erlebt Ihr Welpe sie als angenehm.

▶ **Fell**

Tägliches Bürsten mit einem Striegel oder Gumminoppenhandschuh sorgt für ein gepflegtes Äußeres. Sie können dafür auch eine Bürste oder einen Kamm verwenden. Bitte vergewissern

Neben der erforderlichen Körperpflege bewirkt das Striegeln einen wohltuenden Körperkontakt, der die Bindung zu „seinem" Menschen fördert.

Vor dem kräftigen Bürsten empfiehlt es sich, vornehmlich in den Sommermonaten, den Hund auf Zeckenbefall zu untersuchen.

Sie sich vorher, daß keine Zecken an Ihrem Hund haften, deren Körper Sie beim Bürsten abreißen könnten. Die anschließende Entfernung des noch in der Haut steckenden Zeckenkopfes gestaltet sich meist recht schwierig. Wie man einfach, sicher und schnell eine Zecke entfernt, ist auf Seite 53 beschrieben.

Den Glanz des Fells können Sie verbessern, indem Sie täglich einen Teelöffel Distelöl ins Futter geben.

Auf Krusten und Parasiten im Haarkleid Ihres vierbeinigen Familienmitgliedes achten Sie bei den täglichen Streicheleinheiten, die jeder Rottweiler zu seiner Seelenpflege benötigt. Bei jeglichen Hautveränderungen nicht selbst experimentieren, sondern bald den Tierarzt aufsuchen!

► **Baden**

Zu baden brauchen Sie Ihren Rottweiler normalerweise nicht – es sei denn, er hat sich in stinkendem Unrat gewälzt. Unnötiges Baden würde nämlich nur den natürlichen Säureschutzmantel des Fells und der Haut zerstören.

► **TIP**

Wenn der Rottweiler nach einem Spaziergang feucht und schmutzig heimkommt, genügt es meist, das Fell mit einem feuchten Fensterleder abzureiben.

Falls aus medizinischen Gründen ein Bad nötig sein sollte, richten Sie sich nach den Ratschlägen Ihres Tierarztes und achten darauf, daß kein Wasser in Augen und Ohren des Rottweilers dringen kann. Danach trocknen Sie den Hund gründlich ab und geben ihm Gelegenheit, sich zu bewegen und dabei ganz trocken zu werden.

► Krallen

Als Gebrauchshund sollte der Rottweiler über so ausreichenden Auslauf – auch auf harten Böden – verfügen, daß ein Kürzen der Krallen überflüssig ist. Wenn die Krallen beim Gehen den Boden nicht berühren, haben sie die richtige Länge.

Falls es doch einmal nötig sein sollte, die Krallen zu kürzen, feilt man am besten die Krallenspitzen ab. Beim Schneiden mit einer Krallenzange ist wichtig, daß die Krallenspitzen immer nur um ein kleines Stück gekürzt werden, damit man nicht versehent-lich in den durchbluteten Teil (das „Leben") schneidet. Allerdings ist bei dunklen Krallen diese Ader schwer zu erkennen.

► Ballen

Gelegentlich werden die Pfoten und Ballen kontrolliert. Mit dem Finger können Sie Steinchen oder sonstige Fremdkörper zwischen den Ballen ertasten und vorsichtig entfernen.

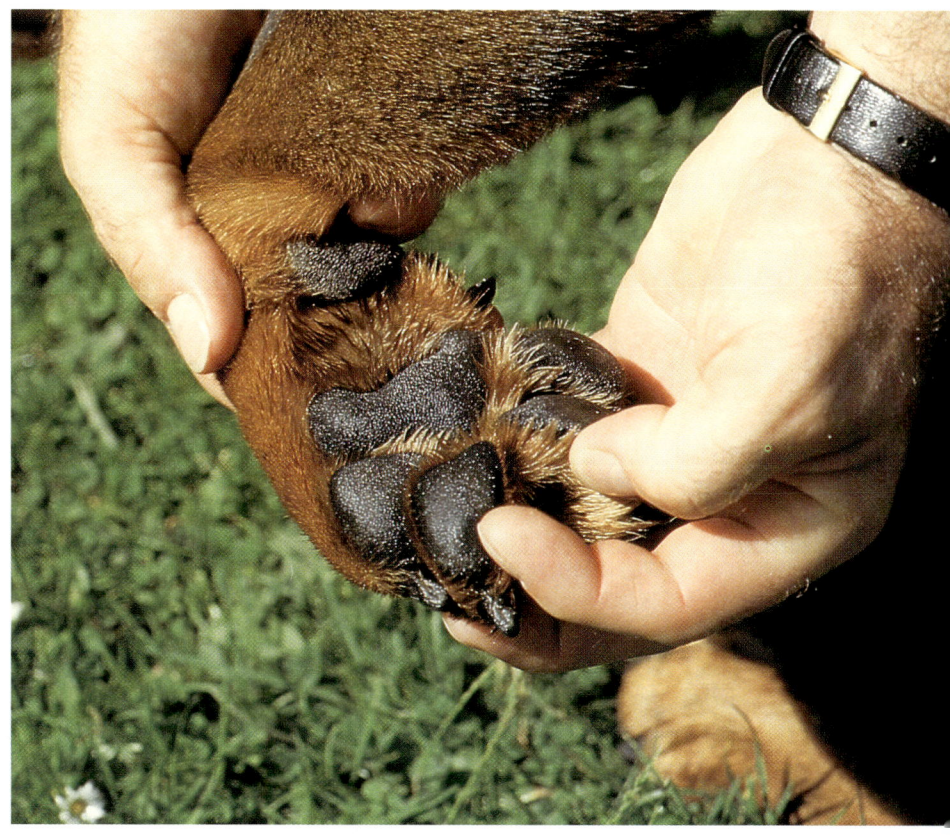

Die Ballen werden gelegentlich oder bei Auffälligkeit mit einem Finger auseinandergedrückt, um die Zwischenräume auf Verfilzungen und Fremdkörper zu untersuchen, die Schmerzen bereiten können.

▶ Ohren

Die Ohren müssen regelmäßig auf Verunreinigungen und speziell auf dunklen, riechenden Ausfluß überprüft werden. Mit einem Taschentuch läßt sich die äußere Ohrmuschel leicht reinigen; in den Gehörgang sollte man allerdings nicht eindringen, weil es dabei leicht zu Verletzungen kommen kann.

Nötigenfalls kann Ihnen der Tierarzt eine spezielle Emulsion empfehlen, die dem Hund ins Ohr einmassiert wird, damit er den Schmutz „ausschlagen" kann. Nun können Sie die Ohrmuschel – anfangs mehrmals täglich, später in größeren Abständen – mit einem Papiertuch reinigen.

Wenn die Ohren riechen, der Rottweiler den Kopf schief hält oder schüt-

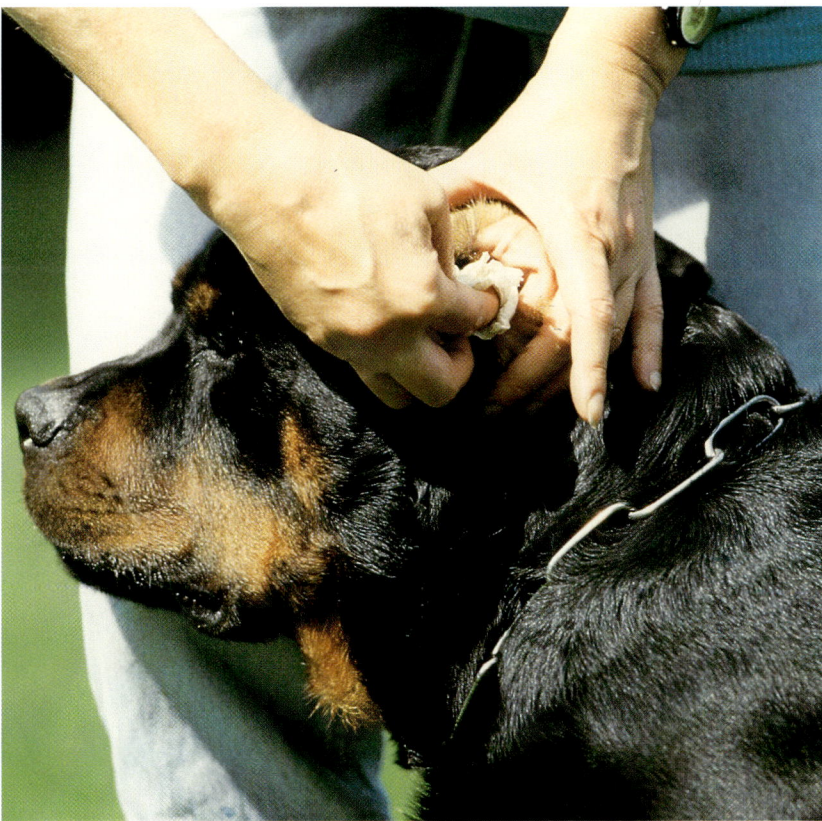

Schlägt der Hund häufig den Kopf, sollten die Ohren nachgesehen werden. Eine regelmäßige Ohrenkontrolle beugt Erkrankungen vor.

telt oder sich am Ohr kratzt, den Tierarzt konsultieren! Die Ursache können
Fremdkörper oder Milben im Ohr sein,
die zu einer Entzündung führen könnten.

► **Augen**

Anhaltender Ausfluß aus den Augen
deutet auf einen Fremdkörper hin, der
eine Entzündung auslösen kann. Bitte
gehen Sie daher mit Ihrem Rottweiler
sofort zum Tierarzt, wenn Sie Ausfluß,
Rötungen oder sonstige Veränderungen an den Augen bemerken.

Die Augen sind auch ein Spiegel der
Gesundheit: Sie sollten klar sein – ge-
trübte Augen deuten auf eine Krankheit
hin!

► **Gebiß**

Kontrollieren Sie regelmäßig das Gebiß
Ihres Rottweilers und entfernen Sie
vorsichtig eventuell vorhandene Beläge
bereits im Anfangsstadium. Im Zoofachhandel sind dafür Hundezahnpasta
und Hundezahnbürsten als Fingerlinge
erhältlich. Bei Zahnstein kann nur
noch der Tierarzt helfen.

**Bei der Zahnkon-
trolle faßt eine
Hand unter den
Fang, der Kopf wird
an den Körper ge-
halten. Auch hier
gilt es bereits den
Welpen mit der re-
gelmäßigen Gebiß-
kontrolle vertraut zu
machen.**

TIP

Ein Büffelhautkauknochen oder harter Hundekuchen ist für Ihren Hund ein Leckerbissen und reinigt gleichzeitig das Gebiß. Im Zoofachhandel gibt es dafür außerdem besondere Futtermittel mit spezieller Konsistenz.

▶ Analdrüsen

Diese Drüsen, deren Ausführgänge sich rechts und links vom After befinden, können verstopfen und sich schmerzhaft entzünden, was man daran bemerkt, daß der Rottweiler sein Hinterteil auf dem Boden reibt („Schlittenfahren"). Lassen Sie sich vom Tierarzt gelegentlich zeigen, wie man die Drüsen ggf. ausdrücken kann, um solchen Entzündungen vorzubeugen.

▶ Gesundheitsvorsorge

Natürlich gehört zur Pflege, daß Sie Ihren Rottweiler regelmäßig impfen lassen. Machen Sie sich hierzu direkt nach der letzten Impfung einen Vermerk im Kalender. Hier sollten Sie auch die regelmäßige Entwurmung eintragen. Ausführliche Informationen über die notwendigen Impfungen finden Sie im nächsten Kapitel ab Seite 60.

▶ Pflege-Kalender

tägliche Pflege

☐ beim Streicheln in die Ohren schauen

☐ Augen kontrollieren

☐ Fellpflege als Sozialkontakt und Kontrolle auf Hautveränderungen und Parasiten

☐ füttern

☐ stets frisches Wasser bereitstellen

wöchentliche Pflege

☐ Zähne kontrollieren und reinigen

☐ Pfoten und Ballen kontrollieren

☐ Krallen kontrollieren und bei Bedarf schneiden oder feilen

Gesundheitsvorsorge

☐ vierteljährlich entwurmen und den Kotabsatz anschließend kontrollieren

☐ jährlich Impfungen auffrischen lassen

Rundum gesund

Rundum gesund

Vorbeugen ist besser als Heilen – wer nach diesem Motto handelt, erspart sich und seinem Hund manche Unannehmlichkeiten und Schmerzen. Zur Vorbeugung gehört auch, in unklaren Situationen lieber einmal öfter zum Tierarzt zu gehen, als womöglich eine ernste Erkankung zu verschleppen.

Für den vitalen Rottweiler ist der tägliche Aufenthalt in der freien Natur wichtig und seiner Gesundheit und Lebensdauer zuträglich.

Frische Luft – hier in einem abgetrennten Gartenteil – ist für das Wohlbefinden eines Rottweilers genauso wichtig wie das Zusammensein mit Artgenossen.

▶ **Vorbeugung**

In der Zeit, in der der Immunschutz durch die Muttermilch abgebaut wird und der Immunschutz durch die Impfungen noch nicht voll wirksam ist, ist der Welpe besonders gefährdet in Bezug auf Krankheitserreger. Hier liegt eine besondere Verantwortung beim Hundehalter, darauf zu achten, daß der Welpe sich nicht infizieren kann.

Welpen schnuppern auf ihrer Entdeckungsreise ins Leben an allem möglichen herum. Achten Sie darauf, daß der Kontakt zu Stellen, an denen sich andere Hunde gelöst haben, vermieden wird. Auch ist es schon hilfreich, den Kleinen nicht an Mauern und Hauswänden vorbeizuführen, an denen andere Hunde markiert haben. Führen Sie Ihren Hund auf der jeweils abgewandten Seite. Dies ist keine übertriebene Vorsicht, sondern stellt in den ersten Wochen, in denen der Welpe relativ

▶ Bei diesen Symptomen sofort zum Tierarzt!

☐ Anhaltender Durchfall mit und ohne Erbrechen.

☐ Anhaltendes Erbrechen mit und ohne Durchfall.

☐ Erfolgloses Würgen mit starkem Speicheln.

☐ Fieber über 39° C.

☐ Krampfzustände.

☐ Blutungen aus jeglichen Körperöffnungen.

☐ Kreislaufprobleme (bleiche Schleimhäute, Zittern, blaue Zunge, kurzfristige Ohnmacht).

☐ Bewegungsstörungen, starkes Speicheln, Zittern, auffällig geweitete Pupillen.

☐ Taumeln und weiche Knie.

☐ Stark anschwellende Insektenstiche mit Atemnot.

☐ Stark blutende Verletzungen.

☐ Aufgetriebener Bauch, Würgen, ohne erbrechen zu können.

☐ Fremdkörper in Maul, Rachen, Verdauungtrakt oder Ohr.

☐ Verletzungen oder Veränderungen am Auge.

☐ Starke Sekretion aus Nase und/oder Auge.

☐ Ohr: häufiges Kratzen, Druckempfindlichkeit, Geruch, Schütteln, Schlagen und/oder Schiefhalten des Kopfes.

☐ Andauernde Atembeschwerden oder Husten.

☐ Ausfluß aus den Geschlechtsorganen,

☐ Verdacht auf Vergiftungen (Erbrechen, Durchfall, Muskelkrämpfe, Zittern, Atemnot, starkes Speicheln, blutige Maulschleimhaut).

☐ Jegliche andere Veränderungen, die Ihnen Sorgen bereiten.

empfänglich für Infektionen ist, eine sinnvolle Vorsorge dar. Auch jegliche Hunde-Versammlungen sollte man in dieser Zeit vermeiden.

Stellen Sie Ihren Welpen unverzüglich dem Tierarzt vor und sprechen Sie das Impfprogramm mit ihm ab (siehe Seite 60). Ich persönlich rate, gegen Parvo zusätzlich zu impfen, auch bin ich der Auffassung, eine zusätzliche Impfung gegen akute Seuchen vorzunehmen. Ihr Tierarzt ist über die regional besonders häufig auftretenden Krankheiten informiert und kann die entsprechende Vorsorge mit Ihnen absprechen.

Beim Tierarztbesuch sollten Sie Ihren Welpen nicht im Wartezimmer umherschnuppern lassen. Wartezimmer können ein Infektionsherd sein, der gerade für den noch relativ ungeschützten Welpen gefährlich sein kann. Ihr Tierarzt kann unmöglich wissen, ob nicht kurz zuvor ein mit einer ansteckenden Krankheit behaftetes Tier dort war. Nehmen Sie den Welpen auf den Schoß, lassen Sie ihn keinesfalls aus den oftmals bereitgestellten Wassernäpfen saufen. Am besten vereinbaren Sie einen Termin, um Wartezeiten zu vermeiden.

Dies ist keine Hysterie, oder können Sie sich vorstellen, während einer Erkältungswelle im Wartezimmer Ihres Hausarztes mit anderen Patienten gemeinsam aus einem Glas zu trinken?

Auch den erwachsenen Hund melden Sie beim Tierarzt an und holen ihn aus dem Wagen, wenn Sie an der Reihe sind. Dies erspart dem Hund außerdem die Angstgerüche in der Praxis.

Zur Vorbeugung gehört mit Sicherheit auch, den Hund nicht übermäßig zu ernähren. Die Gelenke, die noch weichen Knochen und die Bänder leiden unter einem zu großen Gewicht!

Kontrollieren Sie Augen, Ohren und das Fell regelmäßig. Welpen müssen regelmäßig entwurmt werden (siehe Seite 54). Kontrollieren Sie nach einer Entwurmung mittels eines Stöckchens den Kotabsatz auf unliebsame Untermieter.

▶ Ektoparasiten

FLÖHE ▶ Sie belästigen irgendwann jeden Hund, auch wenn dieser unter noch so hygienischen Bedingungen gehalten wird. Der Hund kann sie sich beim Kontakt mit anderen Hunden, aber auch von Katzen, Igeln oder Geflügel holen. Das Fell sollte daher regelmäßig untersucht werden. Eine Möglichkeit besteht darin, den Hund zu bürsten und dabei ein weißes Tuch oder Papier unterzulegen. Befinden sich darauf anschließend schwarze Krümel, die sich bei Kontakt mit Wasser rot färben, handelt es sich um Flohkot. Die Flöhe selbst sind nur 1 – 2 mm groß, sehr schnell und springen manchmal geradezu sprichwörtlich „ins Auge".

Wenn der Hund sich häufig kratzt, sollten Flöhe immer in Betracht gezogen werden. Diese ernähren sich vom Blut des Hundes und vermehren sich reichlich.

> **TIP**
> *Nur ein kleiner Teil der Floh-Population befindet sich auf dem Hund, der Rest verteilt sich auf die Umgebung des Hundes, auf sein Lager, den Teppichboden, die Couch etc. Eine Bekämpfung kann daher nur von Erfolg gekrönt sein, wenn alle Brutstätten vernichtet werden.*

Im Handel werden auch einige Mittel zur Prohylaxe angeboten, von Puder bis zu Tropfen, die über die Haut ins Blut gelangen und somit einige Zeit schützen, ferner werden Ungezieferhalsbänder angeboten. Zu beachten ist, daß einige Mittel erst für den ausgewachsenen Hund geeignet sind.

LÄUSE UND HAARLINGE ▶ Dies sind Blutsauger, die insbesondere im Kopf- und Halsbereich sitzen. Haarlinge leben vorwiegend von Hautschuppen. Beide verursachen starken Juckreiz, ihre Bekämpfung entspricht der Flohbehandlung.

ZECKEN ▶ Sie lauern in Büschen und Gräsern, setzen sich auf dem Hund fest und saugen sich mit seinem Blut voll. Der gemeine Holzbock, *Ixodes ricinus*, ist die in unseren Breiten häufigste Zeckenart. Sie kann das Virus der Frühsommer-Meningoenzephalitis (FSME) übertragen. Für Hunde ist der Erreger jedoch nicht gefährlich. Etwa

10 – 20 % der Zecken sind allerdings mit Bakterien infiziert, welche die Borreliose verursachen. Bei starkem Zeckenbefall ist daher das Risiko einer Borrelioseinfektion sehr hoch. Die Frühsymptome sind oft wenig charakteristisch. Es kann z.B. zu Rötungen oder plötzlichen starken Schwellungen im Bereich der Bißstelle kommen. Später kommt es zu wechselnden Lahmheiten, wobei verschiedene Extremitäten und Gelenke betroffen

> **TIP**
>
> *Der sicherste Schutz ist die Abwehr und die Entfernung der Zecken. Sie können ziehend herausgedreht werden. Dafür gibt es spezielle Zeckenzangen, mit denen die Zecke ganz vorn am Kopf gegriffen und nicht gedrückt wird (siehe Zeichnung). Wichtig ist, daß der Kopf mit entfernt wird, da es sonst zu Entzündungen kommen kann. Abzuraten ist von veralteten Empfehlungen (Betupfen mit Öl o.ä.).*

Äußere Parasiten des Hundes:
a **Hundefloh** (2–3,5 mm)
b **Zeckenmännchen** und
c -**weibchen** (einige Millimeter)
d **Haarbalgmilbe** (0,3 mm)
e **Herbstgrasmilbe** (0,2–0,5 mm)
f **Grabmilbe** (0,4 mm)

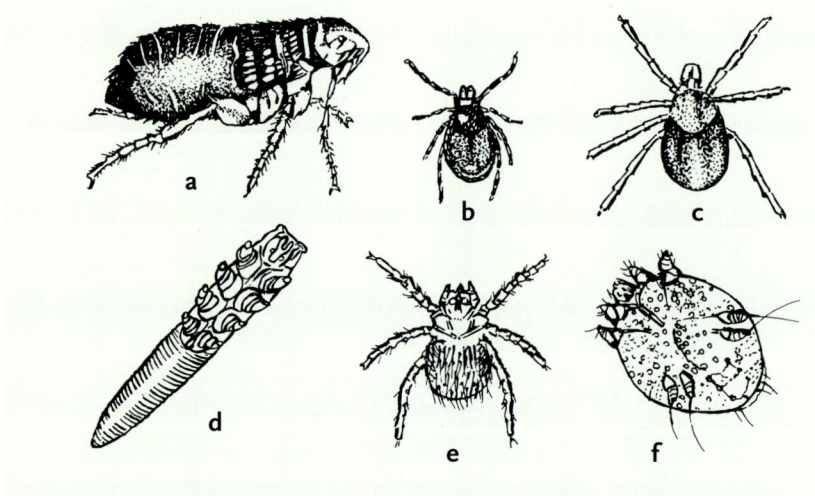

sein können. Dabei werden auch schwere Nierenfunktionsstörungen beobachtet.

Bei jeglichem Verdacht auf eine Infektion durch Zeckenbisse unbedingt sofort zum Tierarzt! Der Krankheitsverlauf ist schwer und langwierig, einige Hunde sterben sogar.

Die braune Hundezecke, *Rhipicephalus sanguineus*, ist aus südlichen Ländern über Urlaubshunde oder Mitbringsel aus dortigen Tierheimen auch nach Deutschland eingewandert und gilt als Überträger u.a. der Babesiose, einer in den Tropen und Subtropen weitverbreiteten Krankheit, die durch schwere Gelbsucht und Anämie gekennzeichnet ist.

MILBEN ▶ Die Raubmilben *Cheyletiella* werden von Hunden oder anderen befallenen Tieren übertragen und ernähren sich von Schuppen. Die Hunde sind mit einer Schicht weißlicher Schuppen auf Kopf und Rücken bedeckt. Daneben verursachen Milben auch Schmerfluß (Seborrhoe) an den befallenen Hautbezirken. Die Milben werden per Lupe nachgewiesen: Bei genauer Inspektion des Fells können sog. „wan-

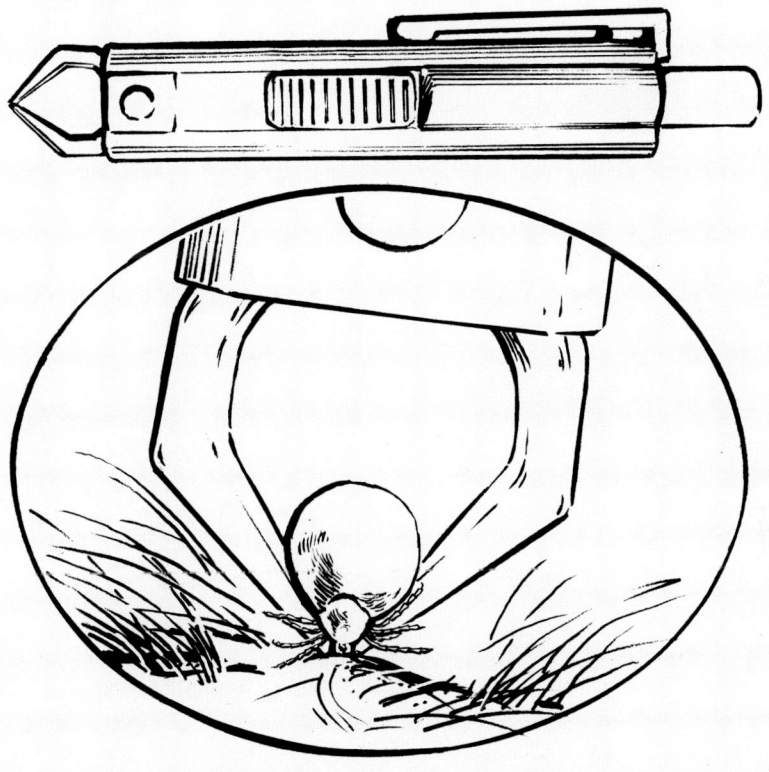

Die Zecke wird ganz vorn am Kopf mit der Pinzette gefaßt und vorsichtig mitsamt den Mundwerkzeugen herausgedreht.

dernde Schuppen" entdeckt werden. Die Behandlung erfolgt nach Anweisung des Tierarztes und bezieht auch die Umgebung des Hundes mit ein.

DEMODIKOSE ▶ Sie wird durch Milben *(Demodex canis)* verursacht, die vorwiegend in den Haarfollikeln sowie in Schweiß- und Talgdrüsen oder den Lymphknoten leben. Die Übertragung erfolgt durch direkten Kontakt der Hündin auf die Welpen, z.B. über das Gesäuge. Es gibt zwei Formen, erstens die lokale Demodikose, die vorwiegend Welpen befällt, nur an bestimmten Stellen auftritt und in den überwiegenden Fällen harmlos verläuft und schließlich spontan wieder abheilt.

Zweitens kann sie in die generalisierte Form übergehen, wobei vom Kopf ausgehend schließlich der gesamte Körper von kreisförmigem Haarausfall betroffen ist. Eine geschwächte Immunabwehr wird als Ursache für den Ausbruch angesehen. Bei der generalisierten Form ist von einer genetischen Disposition auszugehen, mit betroffenen Tieren sollte deshalb nicht gezüchtet werden. Die Milben werden mittels Hautgeschabsel aus den unteren Hautschichten nachgewiesen. Die Heilung ist langwierig. Zur Therapie werden Waschungen erforderlich, die über einen längeren Zeitraum anzusetzen sind.

RÄUDE ▶ Sie ist vergleichbar mit der Krätze beim Menschen. Auslöser ist die Grasmilbe *Sarcoptes scabiei.* Die Übertragung erfolgt entweder durch unmittelbaren Kontakt oder durch Gegenstände, die durch einen erkrankten Hund infiziert wurden, wie Decke, Liegeplatz. Die Milbe dringt in die Hautschichten ein

und legt dort ihre Eier ab. Schließlich schlüpfen die Larven und bohren sich an die Hautoberfläche, es entsteht starker Juckreiz, vornehmlich an weniger behaarten Stellen. Wird die hochgradig ansteckende Räude diagnostiziert, muß auch die Umgebung des Hundes und etwa mit ihm in Gemeinschaft lebende Hunde behandelt werden.

OHRMILBEN ▶ Sie leben im äußeren Gehörgang und lösen durch ihren Befall extremen Juckreiz sowie heftiges Kopfschütteln aus. Unbedingt zum Tierarzt!

OHRRÄUDE ▶ Anzeichen der Ohrräude (Erreger *Otodectes cynotis*) sind dunkles Ohrschmalz und eine rötlichbraune Kruste. Zur Behandlung wird nach Anweisung des Tierarztes über einen Zeitraum von zwei Wochen eine Salbe einmassiert und die Ohren, zunächst täglich, dann in größer werdenden Zeitabständen, sorgfältig gereinigt.

▶ Endoparasiten

SPULWÜRMER ▶ Hiervon sind hauptsächlich Welpen, Jung- und Muttertiere betroffen. Eine trächtige befallene Hündin kann über die Plazenta bereits ungeborene Welpen infizieren. Infizierte Hunde scheiden mit dem Kot Wurmeier aus, die weitere Tiere beim Schnüffeln anstecken. Auch kann durch verschmutzes Schuhwerk ein Befall ins Haus eingeschleppt werden. Übrigens mit ein Grund, warum Züchter beim Besuch ihrer Wurfstätte besondere Vorsichtsmaßnahmen ins Auge fassen sollten. Ein Befall verläuft oft unbemerkt; und nicht immer sind deutliche Anzeichen wie Verdauungsstörungen, Appetitmangel, Abmagerung zu erkennen. Aber auch das Gegenteil, Heißhunger, ist möglich. Wer zweifelt, erhält eine sichere Diagnose nur über eine Kotuntersuchung durch den Tierarzt. Zur Prophylaxe ist eine regelmäßige, fachkundige Entwurmung nötig.

HAKENWÜRMER ▶ Sie werden über die Haut und Mundschleimhaut, z.B. über die Milch übertragen. Krankheitsbild und -verlauf entsprechen der Spulwurminfektion.

BANDWÜRMER ▶ Sie benötigen einen Zwischenwirt, zuweilen den Menschen. Die für den Hund relativ harmlosen Parasiten können dann eine ernste Gesundheitsgefahr darstellen. Typisch ist die Ausscheidung von Bandwurmgliedern (Proglottiden), die wie getrocknete Reiskörner aussehen. Symptomatik und Therapie entsprechen den oben genannten Wurmerkrankungen.

▶ Hüftgelenksdysplasie

Bei der Hüftgelenksdysplasie (HD) handelt es sich um eine degenerative Veränderung des Hüftgelenkes. Die Gelenkpfanne, die den Gelenkknochen aufnimmt und ihm Halt gibt, ist entwicklungsbedingt nicht voll bzw. zu flach ausgebildet.

In extremen Fällen kann die Pfanne den Gelenkkopf nicht mehr aufnehmen. Daraus ergeben sich Veränderungen, die chronisch entzündliche Prozesse auslösen. Es kommt zu erheblichen Schmerzzuständen, die besonders schwere Rassen sehr belasten. Zu hohes Gewicht, zu starke physische Belastung und zu gehaltvolle Ernährung leisten dieser Krankheit Vorschub.

Die Manifestierung der Krankheit erfolgt im dritten bis vierten Lebensmonat, sie kann einseitig oder beidseitig auftreten. Man unterscheidet in der Rottweilerzucht fünf Stufen der HD.

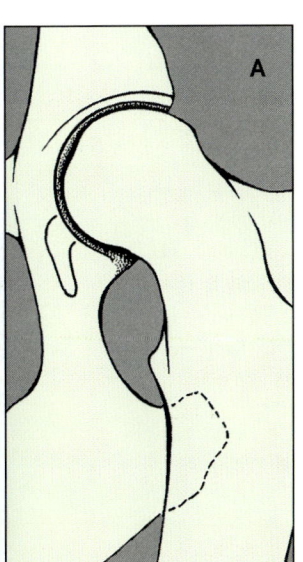
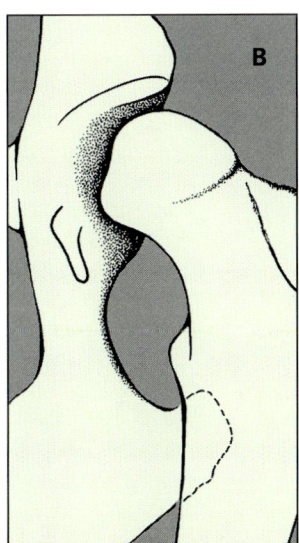
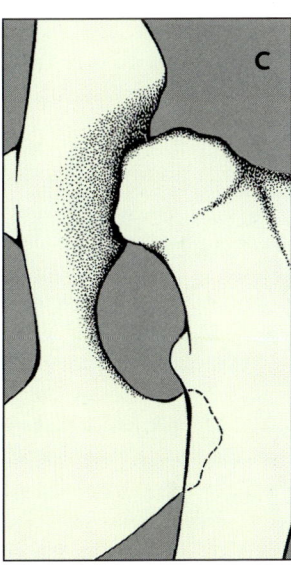

**Hüftgelenks-
dysplasie
A** normales Hüft-
gelenk
B mittlere HD
C schwere HD

► Die fünf Stufen der HD

Stufe	Symbol	Erklärung	Zucht erlaubt?
I	-	HD-frei	ja
II	+/-	Übergang	ja
III	+	leichte HD	nein
IV	++	mittlere HD	nein
V	+++	schwere HD	nein

In besonders schweren Fällen kann sich das Tier nicht mehr aufrichten, die Schmerzzustände können natürlich auch eine Wesensveränderung hervorrufen.

In den letzten Jahren zeichnet sich immer mehr ab, daß durch Zuchtselektionen im zuchtbuchführenden Verein die Hüftgelenksdysplasie inzwischen eine geringere Rolle spielt. Sinnvoll ist, sich beim Welpenkauf den radiologischen Befund (der in den Papieren der Allgemeinen Deutschen Rottweilerklub-Zuchttiere durch die Auswertungsstelle der Universität Gießen beglaubigt ist) der Elterntiere zeigen zu lassen, um die Wahrscheinlichkeit eines Fehlgriffs auf ein Minimum zu reduzieren. Selbstverständlich gibt es auf Gesundheit keine Garantie, dennoch erscheint logisch, daß nur der gezielt züchten und selektieren kann, der über die entsprechenden Daten verfügt.

Zu beachten ist noch, daß es bezüglich der Klassifizierung innerhalb der Rassehundevereine immer noch gravierende Unterschiede gibt. So werden im ADRK Hunde mit leichter Hüftgelenksdysplasie klassifiziert und konsequent von der Zucht ausgeschlossen, die bei anderen Rassen noch als HD-frei gelten!

► Ellbogendysplasie

Häufig noch unbekannt und unterschätzt ist die Ellbogendysplasie (ED), die im Schulterbereich auftritt und im wesentlichen dem Krankheitsbild der HD entspricht. Auch hier sind inzwischen in der Rottweilerzucht Röntgenaufnahmen zwingend vorgeschrieben, die Auswertung erfolgt zusammen mit der Hüftgelenksbeurteilung.

Wie schon erwähnt, haben verantwortungsvolle Aufzucht und Haltungsbedingungen neben der züchterischen Selektion einen wesentlichen Einfluß auf Verlauf und Krankheitsbild bei HD und ED. Die Bemuskelung sollte unbedingt gefördert werden.

► Bänderriß

Aufgrund seiner Statik zählt der Rottweiler zu den hierfür anfälligen Rassen. Beim jungen Hund sind die Bänder noch nicht gefestigt, durch Überfütterung und mangelnde Muskelbildung, durch zu frühen und exzessiven Sport besteht immer die Gefahr von Bänderrissen.

Aber auch eine Dehnung derselben zeigt sich beispielsweise bei zu gehaltvoller Ernährung, die womöglich noch mit zu intensiver Belastung korreliert. Ein Senkrücken kann schließlich die Folge sein.

▶ Magendrehung

Die Dehnung des Magens über seine normalen Maße hinaus bis hin zur Drehung um seine Achse stellt einen dramatischen Notfall dar. Besonders betroffen sind Hunde großer Rassen.

Heftige Bewegungen des Hundes nach der Nahrungsaufnahme begünstigen eine Magendrehung. Die Magenerweiterung tritt immer plötzlich ein, die Prognose ist in der Regel ungünstig, ein tödlicher Verlauf häufig, wenn die Dringlichkeit des Handelns nicht rasch erkannt wird!

Der Bauch des Hundes ist gebläht und prall gespannt, das Tier wird unruhig, speichelt stark, würgt und atmet angestrengt. Bei der Drehung wird die Verbindung zur Speiseröhre unterbrochen, ein Erbrechen zur Magenentlastung ist nicht mehr möglich, der Magen drückt gegen die Gefäße, das Tier ist jetzt in akuter Lebensgefahr.

▶ T I P

Für einen Rottweiler ist es daher angebracht, die tägliche Futterration auf zwei Mahlzeiten zu verteilen, in jedem Fall sollte man jedoch Sorge tragen, daß der Hund nach der Nahrungsaufnahme eine Ruhephase einlegt.

▶ Infektionskrankheiten

Die Schutzimpfung ist eine der ältesten und auch erfolgreichsten Methoden, um Infektionskrankheiten vorzubeugen und auch in der Tiermedizin längst weit verbreitet. Bei Hunden haben neben ethischen und tierschützerischen auch grenzüberschreitende Gründe zu einer großen Zunahme der Schutzimpfung geführt. Und nicht zuletzt haben diese Immunisierungsmaßnahmen dazu beigetragen, die Anzahl der Zoonosen, also der Krankheiten, die von Tieren auf Menschen übertragen werden können, enorm zu reduzieren. Kaum eine andere medizinische Maßnahme zeigt so nachhaltige Wirkung, die vom Einzeltier auf die Umwelt von Mensch und Tier ausgeht. Schutzimpfung ist eine künstliche Immunisierung, bei der ein spezifischer Schutz gegen bestimmte Krankheitserreger bzw. deren Toxine erzeugt wird. Immunisierungen oder Impfungen bewirken also eine Immunität, die den Organismus vor Infektion schützt. Impfstoffe sind Substanzen, die Antigene, z.B. inaktivierte Erreger, enthalten und bei Mensch und Tier angewendet werden, um spezifische Abwehrstoffe zu produzieren, damit der Impfling über einen längeren Zeitraum vor einer bestimmten Infektion geschützt ist.

Auch Hunde sind nach wie vor vielen Krankheitserregern ausgesetzt, denen mit Impfungen jedoch effektiv vorgebeugt werden kann. Deshalb soll hier zunächst Grundwissen über die wichtigsten Infektionskrankheiten vermittelt werden sowie die Möglichkeiten der Immunisierung. Denn ein Hund sollte bereits von klein auf bestens gegen Erreger geschützt sein.

TOLLWUT ▶ Weltweit, insbesondere in den Ländern der dritten Welt, fordert die Tollwut immer noch Tausende von Menschenleben inkl. einer hohen Dunkelziffer. Auch in Europa, wo sie nur noch sporadisch auftritt, stellt diese lebensgefährliche Zoonose ein erhebliches Gesundheitsrisiko dar. Lediglich Länder mit Insellage wie Skandinavien, Großbritannien oder Ozeanien und

Australien sind frei von Tollwut. Hund und Katze nehmen bei der Übertragung der Tollwut eine herausragende Stellung ein. In Tierkadavern (Füchsen) bleibt das Virus, je nach äußeren Bedingungen, bis zu 90 Tage infektiös. Daher sind Personen, die beruflich (Tierarzt, Tierpfleger, Jäger) oder privat Umgang mit Tieren haben, besonders gefährdet. Auch Urin, Milch, Kot und Blut können Viren enthalten, für die Verbreitung der Seuche ist das aber nicht bedeutsam. Das Tollwutvirus wird von infizierten Tieren mit dem Speichel ausgeschieden und durch Biß übertragen. Die Inkubationszeit, d.h. die Zeit zwischen Ansteckung und Ausbruch der Krankheit, beträgt im Mittel 14 bis 60 Tage. Es kommt zu Wesensveränderung (scheue Tiere können plötzlich zutraulich werden), Unruhe und Aggressivität bis hin zur Raserei. Schlundkopflähmungen, Speichelfluß und Herabhängen des Unterkiefers sind weitere typische Symptome. Nach 1 bis 7 Tagen tritt in der Regel der Tod ein. Es gibt keine Therapie. Die Bekämpfung der Seuche basiert auf prophylaktischen Maßnahmen durch Impfung. Dabei werden beim Hund Impfstoffe aus inaktivierten Erregern verwendet. Die Erstimpfung erfolgt frühestens im Alter von 12 Wochen mit jährlicher Wiederholungsimpfung. Geimpfte Hunde sind rechtlich besser gestellt als ungeimpfte, denn bei letzteren kann nach Kontakt mit einem erkrankten Tier eine sofortige Tötung angeordnet werden.

LEPTOSPIROSE ▶ Die Leptospirose, auch Stuttgarter Hundeseuche genannt, wird durch Bakterien verursacht und kann ebenfalls Menschen und Tiere betreffen. Es können Hunde aller Altersklassen befallen werden. Der Erreger wird von Hunden und Nagern mit dem Harn, z.T. auch mit dem Speichel ausgeschieden. Nach 5 bis 20 Tagen beginnt die Erkrankung mit hohem Fieber, Mattigkeit, Durchfall, Freßunlust und unstillbarem Erbrechen. Die Hunde trocknen rasch aus, nach einigen Tagen kommt es zu schwerer Gelbsucht. Häufig besteht Druckempfindlichkeit im Bereich der Nieren.

Die Prognose ist bei frühzeitiger Antibiotika-Gabe günstig, wenn die Seuche einen nicht allzu raschen Verlauf nimmt.

> **TIP**
> *Bei Auslandsreisen ist zu beachten, daß die Einreise von Hunden fast immer nur mit gültiger Tollwutimpfung genehmigt wird, die mindestens vier Wochen, aber höchstens ein Jahr zurückliegen darf. In den tollwutfreien Ländern ist eine Einreise erst nach einer 4- bis 6-monatigen Quarantäne (!) erlaubt. Einen dreiwöchigen Urlaub in Großbritannien mit dem Rottweiler kann ein Hundehalter also getrost vergessen.*

HEPATITIS CONTAGIOSA CANIS (HCC) ▶ Die HCC, die ansteckende Leberentzündung der Hunde, ist eine virusbedingte fieberhafte Erkrankung mit wechselndem klinischem Bild und weltweiter Verbreitung. HCC-Viren sind gegenüber äußeren Einflüssen relativ stabil und hochansteckend. Die Übertragung erfolgt entweder direkt durch Kontakt oder indirekt durch infiziertes Futter, Wasser und Gegenstände. Die Inkubationszeit liegt zwischen 2 und 5 Tagen. Das Virus vermehrt sich in der Leber. Neben Apathie und Appetitlosigkeit werden Brechdurchfälle sowie hohe Körpertemperatur (40 bis 41° C) beobachtet. Starke Schmerzhaftigkeit im Bereich des Vorderbauches und Mandelentzündung sind relativ typische Symptome. Labordiagnostisch wird ein Anstieg der Leberenzyme festgestellt. Je langsamer der Krankheitsverlauf, desto besser die Prognose. Die Behandlung richtet sich nach den Symptomen. Wichtig sind die Unterstützung des Kreislaufs und die Behebung der Leberfunktionsstörungen. Durch die Schutzimpfung ist die HCC nur noch eine seltene Erkrankung.

STAUPE ▶ Die Staupe ist eine sehr ansteckende, fieberhafte Virusallgemeinerkrankung. Trotz Impfmöglichkeiten ist sie nach der Parvovirose die wichtigste Infektionskrankheit der Hunde geblieben. Ausbrüche von überregionaler Bedeutung werden immer wieder beobachtet. Ein Hund kann sich nicht nur durch Kontakt mit anderen Hunden anstecken, sondern auch beim Spaziergang im Wald, da auch Marder und Frettchen die Krankheit übertragen können. Infizierte Tiere scheiden das Virus mit allen Se- und Exkreten aus. Junge Tiere sind im allgemeinen empfänglicher als ältere. Charakteristische Symptome nach einer Inkubationszeit von 3 bis 7 Tagen sind Fieber, Nasen- und Augenausfluß. Nach Abklingen dieser Symptome kann sich die nervöse Form der Staupe mit Gleichgewichtsstörungen, Krämpfen und Lähmungen entwickeln. Die eher seltene Hartballenkrankheit geht mit Verhornung der

Sohlenballen und des Nasenspiegels einher und verläuft oft sehr bösartig. Rascher Verlauf ist als prognostisch ungünstig anzusehen. Da es keine spezifische antivirale Therapie der Hundestaupe gibt, beschränkt sich die Therapie auf die symptomatische Behandlung.

PARVOVIROSE ▶ An der Parvovirose, der „Katzenseuche" des Hundes, erkranken vorwiegend Welpen, aber auch ausgewachsene Hunde sind manchmal betroffen. Das Virus ist sehr widerstandsfähig, wird mit dem Kot ausgeschieden und über die Mundschleimhaut aufgenommen. Nach der Infektion kommt es nach ca. 10 Tagen zu Fieber, Erbrechen und unstillbaren Durchfällen, die durch gelblich-grünen, später dunklen, wäßrigen Kot, mit oder ohne Blutbeimengungen, gekennzeichnet sind. Häufig tritt bereits am 4. bis 5. Krankheitstag der Tod ein. Bei Welpen im Alter zwischen 3 und 12 Wochen verläuft die Krankheit ohne eindeutige Symptome oft tödlich. In diesem Fall ist akutes Herzversagen die Ursache. Die Prognose hängt vom Verlauf der ersten Tage ab: Hören die schweren Durchfälle nach 4 bis 5 Tagen auf, genesen die meisten Tiere. Wichtigste therapeutische Maßnahme ist ausreichender Flüssigkeits- und Elektrolytersatz.

ZWINGERHUSTEN ▶ Beim Kennel Cough handelt es sich um eine infektiöse Erkrankung der Atemwege des Hundes, die durch mehrere unterschiedliche Virusarten, z.T. auch Bakterien, hervorgerufen wird. Meist tritt sie auf, wenn die Hundepopulationsdichte sehr hoch ist, wie auf Ausstellungen, in Kliniken, Tierpensionen und Tierheimen, besonders dann, wenn die Tiere unter

Streß stehen. Die Erreger werden durch Husten verbreitet und über Einatmen aufgenommen. Die Inkubationszeit variiert zwischen zwei und mehreren Tagen. Das charakteristische und oft einzige Symptom ist anfangs lauter und trockener Husten, der nach einigen Tagen wieder verschwinden kann, um dann in Form von feuchtem Husten wieder aufzutreten, zusammen mit rasselnden Atemgeräuschen und eitrigem Nasen- und Augenausfluß. Unkomplizierter Husten ist prognostisch günstig, treten jedoch Komplikationen wie Lungenentzündung auf, ist die Prognose zweifelhaft und die Therapie sehr langwierig. Diese ist symptomatisch, wobei hauptsächlich Hustenmittel zum Einsatz kommen.

IMPFUNGEN ▶ Da viele Infektionskrankheiten immer noch weit verbrei-

> **TIP**
> *An Zwingerhusten erkrankte Tiere*
> *dürfen sich nicht in kalter und zugi-*
> *ger Umgebung aufhalten.*

tet sind, sollten Hunde regelmäßig gegen Tollwut, Staupe, Hepatitis, Leptospirose und Parvovirose geimpft werden. Zuchthündinnen und Tiere, die Kontakt mit vielen anderen Hunden haben, z.B. in Tierpensionen, benötigen auch Impfschutz gegen Zwingerhusten. Impfstoffe gelten als die wirksamsten Arzneimittel überhaupt und damit als die sicherste Möglichkeit, Krankheiten zu verhindern. Ein Impfstoff gegen Staupe schützt jedoch nicht gegen Leptospirose und umgekehrt. Aus diesem Grund wurden Kombinationsimpfstoffe entwickelt, die viele Vorteile aufwei-

sen: Sie vereinfachen und verbilligen – bei voller Wirksamkeit und Verträglichkeit – die Impfmaßnahme. Zudem reduzieren sie die Anzahl der Injektionen auf ein Minimum und damit den Streß für Tier und Besitzer. Zur vollständigen Impfung ist eine zweimalige Grundimmunisierung im Abstand von 3 bis 4 Wochen nötig; danach jährlich eine Auffrischungsimpfung; diese sollte möglichst genau ein Jahr nach der letzten Immunisierung erfolgen.

Welpen sind normalerweise durch mütterliche Antikörper bis etwa zur 10. Lebenswoche geschützt. Das trifft nicht für Staupe und Parvovirose zu. Diese mütterlichen Antikörper erhält der Welpe in den ersten drei Lebenstagen über das Kolostrum (die „erste" Muttermilch); sie verleihen eine natürliche, passive Immunität, da Welpen noch kein voll funktionsfähiges Immunsystem besitzen. Die Dauer der mütterlichen Immunität hängt vom Antikörpergehalt im Kolostrum ab. Gerade diese Antikörper des Muttertieres können jedoch eine erfolgreiche aktive Grundimmunisierung von Welpen vereiteln, denn sie können z.T. bis zur 18. Lebenswoche nachgewiesen werden. Diese Antikörper, die zu einem frühen Impftermin noch vorhanden sein können, stellen somit den Impferfolg in Frage. Ein Welpe kann z.T. erst zu einem Zeitpunkt geimpft werden, an dem bereits seit längerer Zeit kein Schutz mehr durch mütterliche Antikörper gegeben ist. In diesem Zeitraum sind Welpen für bestimmte Krankheiten schon anfällig, können aber noch nicht immunisiert werden. Diese Periode, die individuell variieren kann, liegt für Staupe etwa bei 6 bis 10 Wochen, für Parvovirose bei 14 bis 18 Wochen. Um das Risiko einer Infektion während dieser Zeit zu reduzieren, kann ein Kombinationsimpfstoff ab der 5. bis 6. Woche – bis zur 18. Woche – alle 3 bis 4 Wochen verabreicht werden, plus Parvoimpfstoff in der 8. und 12. Woche. Es gibt dabei noch kein einheitliches Schema. Diese Methode ist allerdings nur in Zwingern mit Staupe- und Parvovirose-Problemen üblich.

Werden Welpen im Alter von 6 bis 8 Wochen mit einem passiven Impfserum geimpft, besteht ein Schutz, der während des Aufenthaltes beim Züchter anhält; anschließend sinkt der Antikörperspiegel, und es kann zur klinischen Erkrankung kommen. Diese Methoden werden daher sehr kontrovers diskutiert.

Unter normalen Umständen erfolgt die erste Grundimmunisierung der Welpen in der 10. bis 12. Woche mit einem Kombinationsimpfstoff. Nach 3 bis 4 Wochen werden die Hunde noch einmal geimpft. Gegen Tollwut wird einmalig ab der 12. Lebenswoche immunisiert. Auch folgendes Impfschema ist nicht standardisiert oder gesetzlich festgelegt. Abweichungen können sich je nach Impfstoffhersteller ergeben: 10. bis 11. Woche Staupe, Parvo, HCC, Leptospirose, Zwingerhusten (Grundimmunisierung). 14. bis 16. Woche Tollwutimpfung und Wiederholung der Grundimmunisierung.

IMPFKOMPLIKATIONEN ▶ Keine Wirkung ohne Nebenwirkung – das trifft auch auf Impfstoffe zu. Komplikationen werden nur bei sehr wenigen Tieren beobachtet, wobei Einflüsse wie Umwelt und Impfakt häufig eine Rolle spielen. Es kann zu Reaktionen an der Impfstelle, Impfabszessen, Allergien

und Fieber kommen. Möglich sind nachfolgende Erkrankungen, wenn der Welpe zu jung immunisiert wurde oder zum Zeitpunkt der Impfung geschwächt war.

Die Ursachen für einen fehlenden Aufbau des Impfschutzes sind vielfältig. Der Impfzeitpunkt kann zu früh gewählt sein, oder der Abstand zwischen den Grundimmunisierungen war zu kurz. Das Tier war möglicherweise bei der Impfung stark verwurmt oder erkrankt. Es ist daher wichtig, daß nur absolut gesunde Tiere geimpft werden. Der Impfstoff kann falsch gelagert worden sein, oder aufgrund von Herstellungsfehlern ist die im Impfstoff enthaltene Antigenmenge zu gering.

▶ Alternative Heilmethoden

Die Behandlung von Erkrankungen und Wunden mit pflanzlichen Mitteln ist uralt und auch heute noch sinnvoll.

Manche verwechseln die Pflanzenheilkunde mit Homöopathie, wobei anzumerken ist, daß es ein wesentlicher

> ### ▶ TIP
>
> *Um das geeignete Mittel und die erforderliche Dosierung zu finden, bedarf es einer entsprechenden Diagnose; von einer Selbstmedikation rate ich daher dringend ab. Viele auf Naturheilkunde spezialisierte Tierärzte beraten Sie gerne in diesem Bereich. Ausführliche Literatur hierzu ist im Anhang empfohlen.*

Unterschied ist, ob ein Medikament aus einer oder mehreren Heilpflanzen besteht, oder ob es eine Heilpflanze in homöopathischer Aufbereitung ist.

Falsch ausgewählte Pflanzen können, wie Medikamente, durchaus unbeabsichtigte Nebenwirkungen provozieren. Ringelblumensalbe beispielsweise habe ich schon bei einer schlecht heilenden Wunde mit Erfolg aufgetragen oder die Wirkung von Leinsamen (mit Wasser gekocht, kurz ausgedrückt und in einem Leinenbeutel aufgelegt) bei einer Vereiterung genutzt.

▶ Erste-Hilfe-Tasche

- ☐ weicher, verstellbarer Maulkorb
- ☐ Schutzschuh
- ☐ allergiegetestetes Pflaster
- ☐ Mullbinden in zwei Größen
- ☐ Klebeband zur Befestigung von Verbänden
- ☐ elastische Binde
- ☐ Ohrspülung vom Tierarzt
- ☐ Augentropfen vom Tierarzt
- ☐ Wundsalbe
- ☐ pflanzliches Beruhigungsmittel
- ☐ Teebaumöl
- ☐ Spritze
- ☐ Schere und Pinzette
- ☐ Zeckenzange
- ☐ desinfizierende oder blutstillende Pflanzenpräparate

Homöopathische Heilmittel schließlich wirken, indem sie Heilvorgänge im Körper in Gang setzen.

▶ Erste Hilfe

Wer rechnet schon damit, daß aus dem fröhlichen Toben des Vierbeiners im nächsten Moment eine ernste oder sogar bedrohliche Situation entstehen kann. Schnelle und vor allem sachgerechte Hilfe ist dann notwendig, um Schlimmeres zu verhindern. Oft sind es ganz einfache Handgriffe und Mittel aus der Hausapotheke, die Schmerz lindern oder sogar das Hundeleben retten.

Eine verletzte Pfote, ein verschluckter Gegenstand oder gar ein gebrochener Knochen – Notsituationen haben häufig eines gemeinsam: Weit und breit ist keine Hilfe in Sicht. Da ist es erfreulich, wenn der Hundehalter sich rechtzeitig informiert hat – und weiß, welche Handgriffe seinem Vierbeiner die Schmerzen nehmen.

Eine Erste-Hilfe-Tasche sollte in jedem Urlaub oder auch bei ausgedehnteren Spaziergängen mit dem Rottweiler immer dabeisein. Sie enthält alles, was für eine Erstversorgung nötig ist. Alles paßt in einen kleinen Beutel, der problemlos überall untergebracht werden kann. Bei allen Medikamenten handelt es sich um pflanzliche Produkte – auf chemische Zusätze wurde völlig verzichtet.

Mit dem Erste-Hilfe-Set allein ist es natürlich nicht getan: Jeder Hundehalter muß vorab mit seinem Vierbeiner jegliche Hilfs- oder Rettungsmaßnahmen trainieren. So muß sich der Hund, hat er sich dann wirklich einmal verletzt, überall anfassen lassen. Das heißt, bereits vom Welpenalter an sollte jeder Hundefreund mit seinem Rottweiler gewisse Abläufe immer wieder durchspielen: Der Vierbeiner muß sich am gesamten Körper berühren und gegebenenfalls auch fixieren oder festhalten lassen. Dies gilt ganz besonders auch für den Kopfbereich – eine Situation, die von vielen Hunden als Bedrohung empfunden wird. Nur bei rechtzeitiger Gewöhnung an solche Berührungen wird der Hund im Ernstfall stillhalten und sich behandeln lassen.

Verletzte Tiere, die unter Schock stehen, Angst oder Schmerzen haben, wehren sich häufig (auch durch Bisse) gegen helfende Hände!

Tritt eine Notsituation ein, sind es oft einfachste Handgriffe, die dem verletzten Tier helfen.

BLUTUNGEN ▶ Eine Mullbinde, beträufelt mit Hamamelis, stoppt Blutungen schon nach kurzer Zeit. Zudem wird die Wunde desinfiziert. Meist ist schon nach wenigen Tagen nichts mehr von der Verletzung zu bemerken. Stärkere Blutungen müssen mit einem Druckverband versorgt werden – und dann mit dem Rottweiler sofort zum Tierarzt!

FREMDKÖRPER ▶ Eingetretene Dornen, Insektenstachel oder Glassplitter können mit der Pinzette entfernt werden – vorausgesetzt, sie können leicht mit dem Instrument gegriffen werden. Ansonsten den Fremdkörper nicht weiter berühren, er wird nur tiefer in die Wunde gedrückt. Hier kann nur ein Tierarzt helfen.

PRELLUNGEN, BLUTERGÜSSE, QUETSCHUNGEN ▶ Hier wird am besten Arnika verwendet. Ob es sich jedoch nur um eine leichte Verletzung handelt, ist häufig schwer feststellbar. Muskeln oder Nerven, die in der Tiefe liegen, könnten geschädigt sein, sogar ein versteckter Knochenbruch ist nicht immer auf den ersten Blick erkennbar.

Die wirkungsvollsten Erste-Hilfe-Maßnahmen sind daher:
▶ ruhige und bequeme Lagerung,
▶ Eisbeutel oder feuchtkalte Umschläge,
▶ vorsichtiger Transport zum Tierarzt.

VERLETZUNGEN ▶ Ringelblumensalbe hat sich bei Verletzungen der Pfoten oder Ballen bewährt. Pfotenverbände müssen mit einer besonderen Technik angelegt werden, damit sie nicht mehr schaden als nützen. Die Haut zwischen den Zehen enthält Schweißdrüsen. Eine mit einem Verband einfach nur eng umwickelte Pfote wird Schmerzen bereiten, der Hund wird nicht auftreten können, die Schweißabsonderung verursacht zudem ein Wundwerden der Haut.

Nach der Reinigung der Wunde wird daher zwischen den Zehen eine Polsterung mittels Wattestreifen vorgenommen, bevor der Verband angelegt wird, der an der Unterseite (Lauffläche) mit Klebeband besetzt wird, um Verunreinigungen zu vermeiden und ihn haltbarer zu machen.

NASENBLUTEN ▶ Man beruhigt den Hund und legt einen Eisbeutel auf den Fang. Liegt eine äußere Verletzung vor, wird eine Wundkompresse fest daraufgedrückt. Gegebenenfalls den Tierarzt aufsuchen.

ALLERGISCHE REAKTIONEN ▶ Hier hilft Tomatensaft, Fencheltee oder auch Kamille.

VERBRENNUNGEN ▶ Sie müssen gut mit fließendem Wasser gekühlt und anschließend mit Öl, beispielsweise Olivenöl, versorgt werden, sofern keine offenen Wunden vorhanden sind.

WUNDEN IM MAULBEREICH ▶ Sehr häufig treten Wunden im Maulbereich auf: Beim Spiel hat ein Splitter von einem Stock die empfindliche Schleimhaut des Hundes verletzt. Ist der Rottweiler daran gewöhnt, Zähne und Zahnfleisch kontrollieren zu lassen, wird er auch jetzt eine Untersuchung in diesem verwundeten Bereich zulassen. Der Splitter kann bestenfalls vorsichtig herausgezogen werden.

Dies gilt auch für andere Fremdkörper, die sich im Kiefer verkeilt haben. Die richtigen Handgriffe – und in wenigen Sekunden ist der Hund wieder schmerzfrei.

BLUTUNGEN DER ZUNGE ▶ Sie sehen oft gewaltig aus. Hier gilt, dem Hund kaltes Wasser zu reichen (das schließt die Gefäße!) und ihn ruhigzustellen.

VERSCHLUCKTE FREMDKÖRPER ▶ Hat der Hund einen Fremdkörper verschluckt, genügt es meist schon, Tee oder Wasser in ausreichenden Mengen zu verabreichen. Der gesamte Verdauungsapparat muß gründlich gespült werden. Es gibt auch pflanzliche Präparate, die in diesen Fällen appliziert werden können – entweder als Tablette oder mit Hilfe einer Spritze, die das Präparat direkt ins Maul abgibt.

SCHOCK ▶ Ein Schock kann infolge eines Unfalls auftreten. Symptome sind Körperschwäche, blasse und trockene Schleimhäute und Zunge, eingesunkene Augen, oberflächliche Atmung, Japsen nach Luft, Orientierungslosigkeit. Die Pupillen sind erweitert, Harn und Stuhl können unwillkürlich abgehen.

- ▶ Legen Sie den Hund auf die Seite, möglichst auf eine Decke.
- ▶ Strecken Sie seinen Kopf und sorgen Sie dafür, daß er gut atmen kann (gegebenenfalls den Fang öffnen und die Zunge hervorziehen).
- ▶ Lagern Sie den hinteren Körperteil und die Beine hoch, durch Unterlegen einer Decke o.ä.
- ▶ Legen Sie eine Wärmflasche (die Sie in ein Tuch wickeln, um Verbrennungen zu vermeiden) vor den Bauch des Tieres.
- ▶ Stillen Sie starke sichtbare Blutungen.
- ▶ Wickeln Sie den Hund in eine Decke.
- ▶ Transportieren Sie ihn schnell zum Tierarzt.

▶ Kreislaufprobleme

Die Körpertemperatur des Hundes liegt in der Ruhe oder bei mäßiger Bewegung zwischen 38° C und 39° C. Durch Aufregung und körperliche Belastung, besonders bei warmer Witterung, kann die Körpertemperatur auf Werte von über 41° C ansteigen!

Schon ab 40° C setzen Kreislaufbeschwerden und deutliche körperliche Schwäche ein. Ab 43° C kommt es zur Gerinnung von Eiweißstoffen im Körper – Lebensgefahr!

Bedenken Sie auch: wenn der Hund

stark hechelt, verdunstet mit dem Speichel sehr viel Wasser (bis zu einem Liter pro Stunde). Da der Hund nur sehr wenig Wasservorräte im Körper hat, muß er relativ viel trinken!

Verliert der Hund sehr viel Wasser und kann es durch Trinken nicht ersetzen, muß das Herz sehr angestrengt arbeiten.

TIP

Bei Kreislaufproblemen infolge Überhitzung wird oft der Fehler begangen, die Tiere mit einer größeren Menge kalten Wassers zu übergießen, was einen Schock auslöst und die Überlebenschancen drastisch reduziert!

Richtig ist, das Tier wie unter Schock in Ruhestellung zu bringen, kühle, feuchte Umschläge mit Leinentüchern zu machen und jegliche Aufregung fernzuhalten.

Die allergrößte Gefahr besteht, wenn Hunde sich bei warmer Witterung in kleinen Boxen mit schlechtem Luftaustausch oder gar in geschlossenen Autos, die womöglich noch in der Sonne stehen, aufhalten müssen.

► **Wichtige Handgriffe**

UNTERSUCHEN ► Um eine Verletzung zu untersuchen oder zu versorgen, ist es zweckmäßig, den Hund in eine günstige Position zu bringen, in der er ruhig gehalten werden kann.

Im Stehen sind Behandlungen am Rumpf, den oberen Gliedmaßen und der Rute durchzuführen. Selten bleiben Hunde alleine stehen. Eine Hilfsperson hält den Hund deshalb behutsam, aber sicher fest.

TRANSPORTIEREN ► Kann der Rottweiler nur schwer oder gar nicht laufen, muß er vorsichtig getragen wer-

Unfällen vorbeugen

☐ Gerade so große Hunde wie der Rottweiler dürfen im Auto nicht ungesichert sein. Am besten werden sie in einem Transport-Kennel untergebracht.

☐ Im Straßenverkehr gehören Hunde an die Leine: Zu schnell ist der Vierbeiner abgelenkt und achtet nicht mehr auf unsere Kommandos.

☐ Vor allem Welpen kauen an allem herum, was sie finden können: Denken Sie daran, daß dies auch Elektrokabel oder giftige Substanzen sein könnten.

☐ Hunde müssen frühzeitig mit Glasfenstern und -türen vertraut gemacht werden. Bei starker Erregung könnten sie sonst womöglich durch geschlossene Scheiben springen.

☐ Ganz gleich, ob offenes Gewässer oder Swimmingpool – niemals den Hund hineinspringen lassen, wenn nicht sicher ist, daß er allein auch wieder herauskommt.

den. Ganz wichtig: Die verletzte Körperseite sollte nicht der tragenden Person zugewendet sein. Bei Verletzungen besonders der oberen Gliedmaßen läßt man diese frei hängen.

Bewußtlose Tiere werden immer in Seitenlage transportiert. Liegt ein Kreislaufschockzustand vor, muß der Kopf des Tieres tief und der hintere Körper hochgelagert werden. Besteht eine Atemnot, sollte der Kopf des Tieres hoch gelagert werden.

DRUCKVERBAND ANLEGEN ▶ Nach steriler Abdeckung wird Polstermaterial (Verbandwatte) um das Bein gewickelt. Legen Sie ein Verbandspäckchen, z.B. eine aufgerollte Mullbinde, auf den Wundbereich und fixieren Sie diese mit einer Binde (nur so fest anziehen, daß der Verband nicht durchblutet). Damit der Verband nicht verrutscht, können Sie ihn mit Klebe-

streifen im umliegenden Fell ankleben. Achtung! Der Verband darf nicht beliebig lange belassen werden. Suchen Sie rasch den Tierarzt auf!

VORBEUGUNG ▶ Vorsorge ist die beste Hilfe, ganz sicher ist aber auch: Viele Verletzungen ließen sich bei ausreichender Fürsorge völlig vermeiden.

▶ Der alte Rottweiler

Das Altern ist ein unabänderliches Schicksal, das auch vor unseren Vierbeinern nicht haltmacht. Große Hunderassen haben eine erwiesenermaßen kürzere Lebenserwartung, und bei ihnen setzt der Alterungsprozeß früher ein. Ein wichtiger Faktor für ein möglichst langes Leben ist die richtige Ernährung des Hundes. Es kann nicht oft genug erwähnt werden, daß Dickleibigkeit bei unseren Rottweilern zu den großen Risikofaktoren gehört, auch werden Bänder, Sehnen und Gelenke übermäßig beansprucht.

Da Sie Ihren vierbeinigen Partner ständig vor Augen haben, werden Ihnen Veränderungen häufig nicht auffallen, die zudem oft schleichend verlaufen und dann oft als „normal" hingenommen werden. Doch nichts verkürzt die Lebensspanne so sehr wie nicht erkannte und daher verschleppte Krankheiten, die lange schädigend auf den Organismus einwirken können. Daher sollten Sie bei Ihrem älteren Rottweiler auf die in der Tabelle genannten Punkte achten.

Ihre Beobachtungen erleichtern dem Tierarzt die richtige Diagnose erheblich. So wie bei uns Menschen auch, sollten Sie Ihren nun in die Jahre gekommenen Hund regelmäßig dem Tierarzt vorstellen. Auch ist das Im-

---

▶ Beim älteren Hund überwachen

☐ Futter- und Wasserverbrauch

☐ abnormales Urinieren und Koten

☐ Veränderungen im Körpergewicht

☐ Abnahme der Belastungsfähigkeit, rasches Ermüden

☐ nicht heilende Hautveränderungen, Haarausfall, Knoten in der Haut

☐ Durchfall oder Erbrechen

☐ Geruch aus dem Maul

☐ ständiges Husten

munsystem nicht mehr so intakt, die Einhaltung der Impfintervalle ist daher ebenfalls wichtig. Lassen Sie sich von der bisherigen Gesundheit Ihres Vierbeiners nicht zur Nachlässigkeit bei der Vorsorge verleiten!

Wenn unser Freund zu ergrauen beginnt, ist es an der Zeit, ihm sein Dasein etwas zu erleichtern. Statt ausgiebiger, aber ihn ermüdender Spaziergänge machen Sie lieber mehrere kleinere Rundgänge. Dies kommt auch der schwächer gewordenen Blase zugute, die nun häufiger entleert werden muß. Eine Funktionsabnahme des Gebisses setzt in Verbindung mit Beeinträchtigungen im Geruchs- und Geschmacksempfinden ein. Die Augen und der Gehörsinn können eingeschränkt sein. Häufig wird hier der Fehler gemacht, sich über die neuerdings zu beobachtende Ungehorsamkeit zu beklagen, doch diese Unfolgsamkeit ist nur die logische Folge einer verringerten Wahrnehmungsfähigkeit unseres langjährigen Begleiters.

Die geringere Bewegungsaktivität korreliert mit einer Abnahme der Muskelmasse, und auch die geistige Beweglichkeit unseres einst so gelehrigen Hundes ist deutlich herabgesetzt, hierdurch bedingtes Fehlverhalten die Folge. Jetzt sind wir gefragt, Geduld und Verständnis aufzubringen und ihm im Alter die schönen, agilen Jahre zu danken.

Muß schließlich der letzte Gang zum Tierarzt angetreten werden, um ihm starke Schmerzen und über die Maßen Leid zu ersparen, begleiten Sie Ihren treuen Partner, lassen Sie ihn jetzt nicht im Stich, mit der Begründung „das kann ich nicht sehen". Er, der sein Leben für Sie geopfert hätte, der über viele Jahre Ihr Leben bereicherte, er hat es nicht verdient, jetzt von Ihnen verlassen zu werden. Lassen Sie die schönen Jahre vor Ihrem geistigen Auge Revue passieren, während Ihr Freund Ihre wärmende, beruhigende Nähe spürt und in Ihrem Arm einschläft.

Erziehung leichtgemacht

Erziehung leichtgemacht

Wieviel Leid könnte manchem Hund erspart bleiben, wenn es verständigere Ausbilder gäbe, die nicht dauernd in ihren Hund hineinbrüllen und an ihm zerren, dabei aber nicht sehen, daß der Hund gar nicht mehr aufnahmefähig ist und deshalb alles falsch macht.

Und manche Fehlleistungen eines Vierbeiners bei Prüfungen und Turnieren gehen eigentlich auf das Konto des Hundeführers, weil wir uns anders verhalten als beim Üben.

▶ Lernmechanismen

Der Hund lernt einmal durch ständiges Wiederholen, also über die Gewohnheit, und durch Erfahrungserwerb, Erfolg oder Mißerfolg. Der Hund hat nur diese zwei Möglichkeiten, um etwas zu lernen, er kann nicht kombinieren und Schlüsse ziehen. Darauf müssen wir uns einstellen.

Z.B. übt man mit seinem Rottweiler, daß er, wenn man stehenbleibt, immer an der gleichen Stelle absitzen muß. Nach entsprechenden Wiederholungen wird er sich irgendwann von selbst setzen. Dies wäre die erste Möglichkeit zu lernen. Der Hund wird dies nicht

gleich freiwillig tun. Wir werden aus diesem Grund die Übung mit einem entsprechenden Leinenruck und mit dem dazugehörigen Kommando unterstützen.

Der Leinenruck oder das Niederdrücken der Kruppe ist dem jungen Tier unangenehm; dieser Einwirkung will sich der Hund entziehen. Er lernt dabei, daß, wenn er das Gewünschte ausführt, ihm diese Einwirkung erspart bleibt. Das deutliche Lob bei der richtigen Ausführung der Übung unterstützt diesen Lernvorgang.

Unsere Hunde werden auch immer wieder die gleiche Technik, mit der sie schon einmal Erfolg hatten, ganz gezielt einsetzen.

Man kennt das Bemühen, wenn ein Hund bettelt, z.B. um Futter oder um einen Ball, den man am Körper versteckt hält. Er testet alle Möglichkeiten seiner Ausdrucksformen durch. Hat ein bestimmtes Verhalten zum Erfolg geführt, wird er dies immer wieder einsetzen. Diese Tatsache, daß der Hund, wenn er etwas will, ein bestimmtes Verhaltensmuster bewußt einsetzt und damit dauerhaft lernt, müßte uns veran-

Das Ausleben seines natürlichen Bewegungsdrangs in freier Natur ist auch wesentlicher Bestandteil der seelischen Gesundheit des Rottweilers.

lassen, in der Ausbildung umzudenken. Der Hund sollte als Endziel unseres Lehrens nicht auf Handlungen von uns reagieren, sondern umgekehrt. Der Hund, der den Erfolg oder das Triebziel sucht, setzt das von uns erwünschte Verhalten ein, wir reagieren darauf entsprechend und bestätigen damit sein Verhalten.

Ein Hund, und unser Rottweiler unterscheidet sich auch hier nicht von anderen Hunden, kann bei unerwünschten Handlungen nur für das, was er gerade gemacht hat, zur Verantwortung gezogen werden. Er meint immer, was er zuletzt getan hat, dafür wird er gelobt oder getadelt. Wenn z.B. unser Rottweiler einen Hasen jagt, was er ja nicht soll, dabei ausbricht und nicht folgt, hat es keinen Sinn, ihn zu bestrafen, wenn er zurückkommt. Der Hund meint, daß er für sein Kommen bestraft wird, nicht für das Jagen des Hasen. Durch diese falsche Verknüpfung kann man die gewünschte und so wichtige Vertrauensbasis zerstören.

Auf einem Spaziergang mit meinem damals noch jungen Rottweilerrüden setzte er einem Fasan nach, welcher sich elegant über einen Kaninchendraht flüchtete. Mein Hund rannte mit voller Wucht in denselben – genau in diesem Moment erfolgte mein Kommando. Seine schmerzliche Erfahrung mit dem Schutzzaun verknüpfte er mit dem Nichtbefolgen des Kommandos. Seither genügt ein Räuspern der Stimme, um ihn von einem zu weiten Davonpreschen abzuhalten.

▶ Signale als Hilfen

Die gesamte Ausbildung wird durch Reize, die auf den Hund einwirken, begleitet. Wir haben den akustischen, optischen und körperlichen Reiz. Zwei dieser Reize brauchen wir immer, um dem Hund etwas beizubringen. Der akustische Reiz ist unsere Stimme und das damit gegebene Kommando. Der körperliche Reiz ist z.B. der Ruck am Halsband oder das Drücken auf die Kruppe. Der optische Reiz ist die damit verbundene Bewegung und Körperhaltung. Die gegebenen Reize müssen natürlich zeitlich zusammentreffen. Bei der Übung „Sitz" spürt der Hund den Ruck an der Leine und sieht gleichzeitig die Handbewegung dazu, ebenfalls gleichzeitig hört er das Kommando „Sitz". Der Ruck an der Leine ist dem

Hund unangenehm und er hat gelernt, wenn er sitzt, kann er sich diesem Zwang entziehen und setzt sich unter Umständen bereits, oder zeigt zumindest schon die Bereitschaft dazu, wenn er die Handbewegung, die den Leinenruck auslöst, sieht und das Kommando hört.

▶ **TIP**

Diese Führerhilfen, wie sie genannt werden, beginnt man sehr großzügig und für den Hund deutlich sichtbar. Bei größerem Lernerfolg läßt man sie immer mehr zusammenschrumpfen, bis dann nur noch das einfache Kommando übrigbleibt.

Wichtig ist, daß wir für jede Übung entsprechende Bewegungsformen und differenzierte Laute zur Verfügung haben, die der Hund auch unterscheiden kann. So wie wir den Hund die Übung lehren, so wird er sie auch zeigen. Wenn wir ihn das „Sitz" langsam gelehrt haben, wird er es auch langsam zeigen. Wenn wir damit zufrieden sind, daß unser Rottweiler bei der „Freifolge" nachhängt oder vorprellt, wird er dies immer zeigen.

Noch einige Tips zum Ablauf: Immer die Lernabschnitte überprüfen, freudig lernen lassen und die Übungen durch Gehorsam und Konsequenz absichern. Nach Belastung immer Entlastung. Niemals sehr lange üben, sondern mehr das ins Übungsprogramm einbauen, was der Hund noch nicht kann, und mit einer Übung, die der Hund schon kann, abschließen. Nur überlegtes und bewußtes Handeln und Anpassen an die Situation wird dauer-

haft den guten Erfolg bringen. Einen gut veranlagten Rottweiler wird man bei guten Trainingsbedingungen leicht an das gewünschte Ziel bringen.

▶ **Motivation**

Eine große Bedeutung für den Erfolg des Lernens ist die Motivation, also der Antrieb. Durch permanente Fehlbehandlung des Hundes entsteht oftmals Frust, den Hunde, je nach Nerventyp und Belastungsfähigkeit, in Ersatzhandlungen umsetzen.

Typische Zeichen eines bestehenden Konfliktes sind Gähnen, Zittern, sinnloses Hin- und Herspringen, Scharren oder unmotiviert am Boden schnuppern, Urinieren, Kot absetzen, Kratzen, Pfoten belecken.

Diese oder ähnliche, meist in unpassenden Situationen auftretenden Handlungen sind Schutzmechanismen, also Entlastungshandlungen, um das Nervensystem vor Überreizungen zu bewahren. Wird der Hund am Ausleben dieser Ersatzhandlungen gehindert, können ernsthafte Dauerschäden oder Neurosen entstehen.

▶ **Ausbildungsregeln**

Grundlage und wesentliche Voraussetzung für eine erfolgreiche Zusammenarbeit mit dem Hund ist eine stabile und vertrauensvolle Beziehung zwischen beiden, in der der Hund dem Menschen vertraut und die Dominanzstruktur klar und gefestigt ist. Ein Hund, der kein Vertrauen aufgebaut hat, aber in der Unterordnung steht, ist gedrückt und wird nie zuverlässig und freudig arbeiten. Einer, der seinen Menschen dominiert, hat auch kein Vertrauen zu ihm und wird nur das tun, was ihm beliebt.

Es ist ein weitverbreitetes Mißverständnis, daß Rangordnung durch Härte aufgebaut werden muß. Eine stabile Rangordnung bildet sich, wenn der Mensch durch gezielte und konsequente Handlungen und Reaktionen dem Hund vermittelt, daß er der überlegene Teil der Beziehung ist, indem er z.B. ein Spiel beendet, Futter wegnimmt, zuerst durch die Tür geht usw.

Die Initiative geht vom Menschen aus. Ein Hund, der darauf besteht, daß bestimmte Vorgänge wie Spaziergang oder Fütterung zu einem bestimmten Zeitpunkt erfolgen sollen, dokumentiert eine verkehrte Dominanzstruktur.

Wichtig ist auch die Tatsache, daß ein Hund nicht zwischen Arbeit und Freizeit differenzieren kann, d.h., daß unser Verhalten gegenüber dem Hund und die Anforderungen an ihn immer gleich bleiben müssen. Großen Schaden hat hier die Serie „Kommissar Rex" angerichtet, die dem Betrachter suggeriert, daß der Hund im Dienst gehorcht und in der Freizeit dennoch seinen Willen haben darf.

Die Körperpflege nimmt als soziale Kontaktaufnahme einen wesentlichen Teil im Aufbau einer vertrauensvollen Beziehung ein. Gestalten Sie die Pflege angenehm und entspannt für beide, außerdem ist die Körperpflege eine gute Möglichkeit, dem Hund erste Lerninhalte, wie „Sitz", „Steh" oder „Platz" zu vermitteln, auf die ich im Folgenden näher eingehen werde.

Ausdruck einer guten Beziehung zwischen Mensch und Hund und einer intakten Dominanzstruktur ist, daß der Hund auf den Menschen achtet, sich an ihm orientiert, Erlerntes schnell und freudig ausführt und immer wieder Blickkontakt zu seinem Menschen auf-

Eine vertrauensvolle Beziehung; der Familienhund Rottweiler sucht häufig die Nähe zu seinem Menschen.

baut, wobei nicht das Anstarren, das eine Machtprobe darstellt, gemeint ist, sondern die Aufnahme einer zwischenartlichen Verbindung.

Bei allen Aktivitäten mit dem Hund müssen wir uns immer wieder vor Augen halten, daß der Hund ein Lebewesen ist, dessen Kommunikation zum größten Teil ohne Lautäußerung abläuft. Er ist also auf die genaue Beobachtung aller Körpersignale angewiesen und hat dies zur Perfektion ausgebaut. Der Hund erkennt die Stimmung des Menschen bereits, bevor sie diesem bewußt geworden ist, und reagiert darauf. Es ist also unsinnig, den Hund zähneknirschend zu loben, da er unsere Verstimmung durchschaut und dementsprechend demütig reagiert.

Hieraus folgt, daß es sinnvoll ist, die Arbeit mit dem Hund einzustellen, wenn wir nicht die nötige Ruhe haben.

TIP

Wichtig bei allen Übungen ist der Grundsatz: Lehre den Hund das Richtige, bevor er das Falsche tut. Sie sollten sicherstellen, daß das erwünschte Verhalten der erste prägende Lernvorgang ist, und nicht das unerwünschte Verhalten. Es wirkt sich nachteilig aus, durch hemmende Einwirkungen Unerwünschtes zu korrigieren. Bedenken Sie immer, daß positive Reize einem besseren und sichereren Lernerfolg zuträglich sind.

Es ist allgemein bekannt, daß der Hund eine Einwirkung, sei sie positiv oder negativ, nur dann mit seiner Handlung verbindet, wenn sie gleichzeitig zu seiner Handlung erfolgt. Daraus folgt, daß die Einwirkung möglichst schon dann, wenn die Handlung des Hundes einsetzt, kommen muß. Sonst kann es leicht sein, daß man ein ganz anderes Verhalten des Hundes verstärkt oder hemmt, als man will.

Ein Fehler, der sich häufig bei Spaziergängen beobachten läßt: Zwei Hundehalter begegnen sich mit ihren Hunden, wobei einer der Hunde Drohgebärden von sich gibt. Der Hundehalter, dem dies unangenehm ist, versucht streichelnd, beruhigend auf seinen Hund einzuwirken („Ist ja schon gut!"). Er hat damit das Verhalten des Hundes unbewußt bestätigt. Der Hund fühlt

sich bestärkt und wird künftig noch deutlicheres Imponierverhalten zeigen.

▶ **Sitz**

Eine der ersten Übungen, die wir unserem jungen Hund beibringen, ist das „Sitz". Da es eine der natürlichsten Stellungen darstellt, die der Hund häufig einnimmt, kopieren wir die gute Beobachtungsgabe unserer Hunde, warten auf eine Gelegenheit, bei der sich

Der Hundeführer holt den Hund in seine Aufmerksamkeit. Die Geste wirkt verstärkend auf die verbale Aufforderung.

der junge Rottweiler ohnehin hinsetzt, und geben in diesem Augenblick das verbale Kommando „Sitz". Zur Belohnung (Bestätigung) erhält der Kleine ein Leckerchen. Bald hat er verknüpft, daß nach dem Ausführen dieses Kommandos etwas für ihn sehr Angenehmes geschieht. Bereitwillig und erwartungsvoll wird er künftig diesem Kommando folgen.

Wie schon oben erwähnt, soll die Körpersprache Mittel zur Kommunikation zwischen Herr und Hund sein.

TIP

Nach und nach wird das Leckerchen als Belohnung weggelassen und durch eine andere Form der Bestätigung ersetzt, schließlich wird auch diese schrittweise reduziert. Schließlich weiß der Rottweiler nie, wann nun seine „Belohnung" kommt.

Wird bei dem Kommando „Sitz" parallel mit dem Finger auf den Boden gezeigt, führt der Rotti schon bald nur auf den Fingerzeig hin das Gewünschte aus.

Gerade beim jungen und lernbegierigen Rottweiler ist es wichtig, bei der Ausführung von erwünschten Verhaltensweisen überschwengliches Lob einfließen zu lassen.

▶ Hier, Vorsitz, Fuß

Auch wenn Ihr Welpe auf Entdeckung geht, wird er immer wieder Ihre Nähe suchen. Dies machen Sie sich zunutze, indem Sie ihm bei dieser ohnehin gewollten Annäherung das Kommando „Hier" geben und ihn sofort bestätigen (belohnen), wenn er das Gewünschte ausgeführt hat. Dies kann anfänglich ein Leckerchen sein oder ein Ball – etwas, auf das Ihr kleiner Rottweiler stark reflektiert.

Rottweiler haben eine Mimik wie keine andere Rasse. Hier vermittelt der freundliche Ausdruck die friedliche Gesinnung.

Der nächste Schritt ist das korrekte Vorsitzen, das Sie dadurch erreichen, daß Sie das Objekt seiner Begierde, den Ball oder das Leckerchen, vor Ihre Brust halten. Der Hund wird erwartungsvoll zu seiner Belohnung aufschauen. Sobald die gewünschte Position erreicht ist, wird der Hund wieder bestätigt.

Etwas Fingerspitzengefühl ist erforderlich, um zu verhindern, daß der Hund so in Erwartung bzw. Erregung versetzt wird, daß er an Ihnen hochspringt. In diesem Fall wenden Sie sich mit einer Körperdrehung vom Hund ab, verbunden mit einem deutlichen „Nein", und wiederholen die Übung.

Auf das Kommando „Fuß" soll er links neben dem Hundeführer in die Position „Sitz" gehen. Besonders elegant sieht dies aus, wenn der Hund dabei eine Wendung um seinen Hundeführer macht, um die Stellung einzunehmen. Wie schon beschrieben, errei-

chen Sie dies mit ein wenig Geduld fast spielerisch, in dem Sie in Kniebeuge ein Leckerchen oder Lieblingsspielzeug mit der linken Hand, hinter sich auf die rechte Seite halten und den Hund damit hinter sich auf die linke Seite locken, auch hier wieder verbunden mit dem entsprechenden verbalen Kommando.

▶ Platz, Bleib

Die Platz-Übung muß stufenweise gelernt werden: zunächst mit Leine, später ohne, mit der direkten Nähe des Hundeführers und schließlich räumlich und zeitlich erweitert.

Das „Platz" erfordert von Ihrem Hund ein besonderes Maß an Geduld und Belastung. Hier, wie auch in anderen Übungsteilen, gilt, daß etwas weniger oft mehr ist, d.h., daß ein zu rasches Vorgehen verhindert, daß Erlerntes ausreichend gefestigt wird.

Anfänglich wird die Übung so durchgeführt, daß Sie beim angelein-

„Platz!" Zum Kommando (verbaler Reiz) weist gleichzeitig die Hand die gewünschte Position an (optischer Reiz).

„Bleib!" Die gegen den Hund gestreckte Hand verleiht dem Kommando des Hundeführers Nachdruck.

ten Hund bleiben und auf der Leine stehen. Einige Minuten reichen. Später wird die Dauer erweitert, bis Sie schließlich in geringem Abstand vom Hund Stellung beziehen, um bei unkorrekter Ausführung verbal und durch Gesten Einfluß zu nehmen.

Schließlich entfernen Sie sich weiter von Ihrem Rottweiler, bleiben hinter einem Baum stehen und beobachten sein Verhalten.

TIP

Es ist immer leichter für den Hund, über positive Erfahrungen zu lernen, während Sie bei einem vor Übermut und Tatendrang strotzenden Rottweiler unnötig mit Druck, also hemmend auf den Hund einwirken müßten!

Berücksichtigen Sie aber auch, daß es sich hierbei um eine Gehorsamsübung handelt, die dem noch jungen und neugierigen Tier große Geduld abverlangt. Daher ist es zweckmäßig, diese Übung nicht an den Anfang zu legen, da der junge Hund gerade hier noch drangvoll nach spielender Beschäftigung sucht, während er es nach einer körperlichen Belastung oft als angenehm ansieht, sich ablegen zu dürfen.

▶ **Gib Laut**

„Gib Laut" haben Sie Ihrem jungen Hund bereits im täglichen Umgang vermittelt, indem Sie ihn beobachten, bei Lautgebung das Kommando geben und ihn sofort bestätigen, wenn er ohnehin das Erwünschte ausführt. Ein Hund wird aufgrund seiner enormen Beobachtungsgabe immer das Verhalten wiederholen, das ihn zum Ziel seines Strebens geführt hat.

Sicher haben auch Sie schon festgestellt, daß Ihr Hund in manchen Situationen bereits reagiert, während bei uns der Denkvorgang noch nicht abge-

In der Platzlage erwartet der Rottweiler gespannt das Kommando des Hundeführers, ...

... um schließlich hochmotiviert und in freudiger Erwartung eines Lobes zu ihm zu laufen.

schlossen ist. Menschen verlassen sich mehr auf ihren Verstand als auf Instinkte, während es bei Hunden genau umgekehrt ist, woraus sich die enorme Reaktionsgeschwindigkeit von Hunden erklärt.

Wenn uns der Hund mitunter lästig erscheint, weil er wieder und wieder etwas will, wird oft der Fehler gemacht, seinem Drängen nachzugeben, in der vermeintlichen Ansicht, nun endlich Ruhe zu haben. Im Gegenteil wird der Hund sein Verhalten verstärken, da er beobachtet hat, daß es den gewünschten Erfolg hatte! Nicht der Hund darf gerügt werden, wenn er in der Folge noch mehr plagt! Doch diese Erkenntnis – auf die Ausbildung umgesetzt – verdeutlicht, welch großes Potential von uns unerkannt und ungenutzt bleibt!

▶ Voraus

Beherrscht der Rottweiler das „Platz" aus der Distanz, kann das „Voraus" in Angriff genommen werden. Mit Ball oder Beißwurst wird der Hund zum Spiel animiert. Ist der Rotti hoch motiviert, legt der Hundeführer das Objekt ab, während der Vierbeiner die Fortsetzung des Spiels kaum abwarten kann. Er wird an Halsband oder Leine vom Gegenstand seiner Wünsche fortgeführt und in einiger Entfernung mit dem Kommando „Voraus" freigegeben, wobei das verbale Kommando durch ein Sichtzeichen unterstützt werden sollte, an dem der Hund sich bei einer der nächsten Leistungsstufen orientieren soll. Drangvoll wird er dem abgelegten Teil zuzielen und wird beim Erreichen desselben in die Platzlage geschickt. Damit ein möglichst effektives Einwirken des Hundeführers möglich

ist, sollte anfänglich eine zu große Distanz vermieden werden.

Der im Gehorsam stehende Hund wird schließlich in die Platzlage beordert, bevor er Ball oder Beißwurst erreicht hat, Richtung und Länge der Distanz sollen, immer in Verbindung mit dem Sichtzeichen, ebenfalls variiert werden.

TIP

Laufen die Übungseinheiten zu schematisch immer wieder gleich ab, ist oft zu beobachten, daß ein Hund nach einer gewissen Distanz langsamer wird oder bereits ohne Kommando die Platzlage einnimmt. Daher die Übungen immer variieren!

▶ Steh

Der Hundeführer greift mit der linken Hand an die Leiste des Hundes, etwa da, wo Hinterlauf und Muskulatur sich treffen, und sagt deutlich, aber nicht unfreundlich „Steh". Beeindruckt den Hund der Griff an die Leiste nicht und er versucht sich dennoch zu setzen, greift der Hundeführer mit der flachen Hand unter die Bauchdecke. Beim innerartlichen Verhalten ist zu beobachten, daß ein Hund, der von einem ranghöheren Rudelmitglied mit der Schnauze an der Leiste berührt wird, still verharrt, ohne sich zu bewegen. Dieses Verhalten machen wir uns zunutze, was ebenso für den Bauchgriff gilt, der dem Lecken des Bauches durch die Hundemutter entspricht, worauf Welpen unbeweglich verharren. Ganz wesentlich für den Erfolg ist, daß der Hundeführer beim Leisten- oder Bauchgriff nicht unbeweglich stehenbleibt, sondern sich langsam auf der Stelle bewegt, damit der Hund diese Stellung auch aus der Bewegung, was in der Unterordnung gefordert wird, einnimmt und nicht „nachgeht".

Auf diese Weise kann eine fehlerhafte Ausführung, deren Abstellung hemmende Maßnahmen erforderlich machen würde, vermieden werden.

▶ Leinenführigkeit

Grundsätzlich wird der Hund an der linken Seite geführt, wobei er aufmerksam und freudig neben seinem Führer ein harmonisches Bild abgeben soll.

Linksführend, an zunächst kurzer Leine, die in ein Kettenhalsband eingehakt ist (bitte kein Stachelhalsband verwenden!), haben Sie die Möglichkeit, den Hund an einen geringen Abstand zu Ihrem linken Schenkel zu gewöhnen. Bei Vorprellen oder Ziehen geben Sie einen kurzen Leinenruck, verbunden mit dem Kommando „Fuß". Die richtige Dosierung ist wichtig, ein zu zaghafter Ruck wird vom kraftvollen und relativ schmerzunempfindlichen Rottweiler kaum beachtet und führt zu einer Gewöhnung und somit Abstumpfung. Dann gehören Sie zu den Hundehaltern, die unentwegt ohne Erfolg auf Ihren Hund einwirken. Ein zu grobes, derbes Einwirken wiederum fügt Ihrem Partner unnötigen Schmerz zu, ist unangemessen und läßt Ihnen keine Steigerungsmöglichkeit für eventuell benötigtes Eingreifen aus besonderem Anlaß mehr. Respekt und Autorität erreichen Sie nicht durch unangemessene Härte, sondern nur durch Konsequenz!

Ein Ball in der rechten Hand, der Ellbogen in Bewegung, läßt den Hund aufmerksam und erwartungsvoll zu Ihrer Rechten sehen und lenkt ihn zudem von anderen Dingen ab. Zwischendurch sollten Sie ihm den Ball geben oder diesen werfen, um nicht zu viel Drill in die Übung zu bekommen. Nicht vergessen, dabei die Leine freizugeben. Verwenden Sie eine Leine ohne Schlaufe oder lösen Sie die Leine, damit sich der Rotti in seinem Drang nach dem Ball nicht in der Schlaufe verfängt und ernsthaft verletzt!

Bei den Übungen zwischen verschiedenen Schrittgeschwindigkeiten wechseln, an die Ihr Hund sich anpassen soll, und Wendungen ausführen, zwischendurch stehenbleiben, wobei der Rotti die Grundstellung „Sitz" neben seinem Hundeführer einzunehmen hat.

Weiter wird die „Wendung gegen den Hund" geübt: Die Leine wird von der rechten Hand übernommen, eine 180°-Drehung gegen den Hund vollzogen, der Hund hinter dem Rücken auf die linke, jetzt freie Seite geführt, wobei die Leine hinter Ihrem Rücken wieder in die linke Hand gelegt wird. Unterstützt wird der Vorgang durch das Hörzeichen „Fuß", was den Hund entsprechend aufmerksam werden läßt.

Als nächste Stufe führen Sie den Hund an etwas längerer, lockerer Leine, ohne ihm jedoch zu gestatten, sich zu weit von Ihrem Schenkel zu entfernen. Auch hier erfolgt bei falscher Ausführung die Korrektur energisch: einmaliger, kräftiger Ruck, verbunden mit dem unbedingt gleichzeitigen derben verbalen „Fuß". Sofort wird Ihre Stimme wieder hell und freundlich, wenn der Rotti das Gewünschte zufriedenstellend ausgeführt hat. „So ist brav, feiner Hund!"

TIP

Vergessen Sie beim jungen Rottweiler nicht, durch anfangs überschwengliches, später etwas verhalteneres Lob seine Lernbereitschaft und sein Vertrauen zu fördern. Motivation durch Lob ist immer dem Tadel vorzuziehen, eine vertrauensvolle Beziehung kann nur über positive Erfahrung aufgebaut werden.

Der Ausbildungsstand Ihres Rottweilers und sein Verhalten in der Öffentlichkeit sind Spiegelbild Ihres Handelns!

Freifolge

In der letzten Stufe wird auf dem Gefestigten aufgebaut, indem wir nun die Freifolge, das „Bei Fuß gehen" ohne Leine, üben. Hiermit sollten Sie erst beginnen, wenn die vorherigen Lernschritte gefestigt sind, um nicht durch ungenaues Einüben bereits Erreichtes zunichte zu machen.

Eine weitere Stufe stellt dar, die zuvor beschriebenen Schritte unter Ablenkung zu üben.

Ans Herz legen möchte ich Ihnen jedoch den Kontakt zu einer Bezirksgruppe des ADRK, die Sie bei der korrekten Durchführung kompetent unterstützen wird. Häufig glauben Hundehalter, ihr Rottweiler müsse ausgebildet werden, übersehen dabei aber, daß sie selbst Defizite im Umgang mit ihrem Gebrauchshund haben, oder geben dies aus Eitelkeit nicht zu. Denken Sie daran, daß es keine dummen Fragen gibt, sondern gelegentlich arrogante Mitmenschen, die ihre Minderwertigkeitskomplexe durch überhebliches Auftreten zu kaschieren versuchen! In Ihrem

und Ihres Hundes Interesse sollten Sie die Charaktereigenschaft des Rottweilers – freundliche Grundstimmung mit hoher Reizschwelle – zum Vorbild nehmen, die negativen Seiten solcher „Experten" belächeln und dennoch die positiven Ansätze dieser Menschen für sich nutzen.

Begleithundeprüfung

Manche Kommunen geben einen Steuernachlaß für eine nachgewiesene Begleithundeprüfung. Inzwischen gewährt auch schon eine Versicherung einen 30%igen Rabatt für Hunde mit diesem Ausbildungskennzeichen. Ein sicheres Indiz für die gestiegene Akzeptanz in einer Zeit, in der die Anforderungen an Hund und Halter in unserer hochtechnisierten Gesellschaft erheblich gestiegen sind. Auf einer Begleithundeprüfung wird die Leinenführigkeit, die Freifolge, das „Sitz" aus der Bewegung, das Ablegen in Verbindung mit Herankommen sowie das Ablegen (Platz) unter Ablenkung überprüft. Außerdem werden Übungen im öffentlichen Verkehrsraum durchgeführt.

Welchen Stellenwert dieser Teil hat, konnte ich in Köln in einer Rottweilerbezirksgruppe beobachten: Die zu überprüfenden Hunde wurden an loser Leine auf dem Gehweg geführt, ein heranfahrendes Fahrzeug hielt dicht neben den Hundeführern hupend an. Ein heraneilender Jogger stürzte auf Hund und Halter zu, um sich schnaufend nach dem Weg zu erkundigen. Ein Radfahrer fuhr mit Klingelzeichen zwischen Hunden und Haltern durch.

Schließlich fuhr die Gruppe mit der S-Bahn zur Domplatte, hier mußten die Hunde zwischen Touristen, Skatern und einer Musikgruppe Richtung Hauptbahnhof geführt werden, wobei zwischendurch jeder Hund angeleint alleingelassen wurde und ein weiterer Hund an ihm vorbeigeführt wurde, um die Verträglichkeit zu überprüfen. Auf dem Bahnhof angelangt, wurden die Vierbeiner auf dem Bahnsteig abgelegt, während der Hundeführer sich entfernte, um sich nach dem Fahrplan zu erkundigen. Dies sind Anforderungen, denen sich jeder Rottweilerhalter unterziehen sollte. Ein Ausbildungsziel, das für den verantwortungsbewußten Hundehalter unserer Zeit eine Selbstverständlichkeit sein sollte. Diese Prüfungsform ist übrigens Grundvoraussetzung zur Teilnahme an allen weiteren Prüfungsarten des Allgemeinen Deutschen Rottweiler Klubs.

▶ **Autofahren**

An das Mitfahren im Auto gewöhnt man am besten schon den Welpen. Zuerst unternimmt man nur kurze Fahrten, die mit für den Hund positiven Erlebnissen verbunden sind (Spaziergang, Spielrunde, Leckerbissen und Lob).

▶ **TIP**

Wenn der Hund kurze Zeit im Auto alleinbleibt, muß man für genügend Frischluftzufuhr sorgen und sicherstellen, daß sich der Wagen nicht in der Sonne aufheizen kann.

Der Rottweiler wird im Auto so untergebracht und gesichert, daß er sich und andere nicht gefährden kann (Sicherheitsgurt, Trenngitter oder -netz, Transportbox; spezieller Anhänger).

Für Rottweiler eignen sich spezielle Hundeanhänger, auch Alu-Boxen für Kombis sorgen für mehr Sicherheit bei der Fahrt und ermöglichen zudem eine weit bessere Luftzufuhr beim abgestellten Fahrzeug.

Freizeitpartner Rottweiler

Freizeitpartner Rottweiler

▶ Auslauf

Für unseren Gebrauchshund haben die Spaziergänge einen höheren Stellenwert als für einige andere Rassen. Wie bereits erwähnt, braucht ein Rottweiler eine sinnvolle Beschäftigung, eine Arbeit. Da der Rottweiler heute in der Mehrheit als Familien- und Begleithund Verwendung findet und die meisten Hundehalter keine Arbeitsprüfungen ablegen, ist dem Hund nicht damit gedient, neben seinem Partner Mensch herzutrotten.

Nebenbei bemerkt bringt Sie die Beschäftigung während des Spaziergangs mit Ihrem Rottweiler auf andere Gedanken und Sie vertiefen die Beziehung zu ihm.

Ballspiele oder das Apportieren von Ästen oder Stämmen begeistern diese arbeitsfreudige Rasse. Auch bietet sich hier die Möglichkeit, spielerisch und fast unbemerkt zu lernen. Einige Leckerchen in der Tasche helfen uns auch hier, das Verhalten des Hundes in die richtigen Bahnen zu lenken. Führt er Erwünschtes aus, bestätigen wir ihn mit Leckerchen, Spiel und/oder freudigem Zuspruch. Sein Drang nach Bestätigung wird seine Lernbereitschaft positiv beeinflussen.

Selbstverständlich soll sich unser Hund auf den Spaziergängen austoben dürfen. Kommt er gerade freudig zu uns zurück, erteilen wir das Kommando „Hier" und bestätigen ihn durch anfangs überschwengliches Lob und Leckerchen. Sitzt der Hund vor, halten wir ihm ein heißbegehrtes Leckerchen oder sein Lieblingsspielzeug vor und ziehen es von rechts hinter unserem Rücken auf die linke Seite. Während der Hund drangvoll diesem Reiz folgt, erteilen wir das Kommando „Fuß". Auf unserer linken Seite angekommen, erhält er die Belohnung, während wir den jungen Hund mit einem leichten Druck auf die Kruppe dazu bringen, neben uns Sitz zu machen, also die Grundstellung einzunehmen. Rasch werden sich Lernerfolge einstellen, aber bedenken Sie immer, daß Sie Ihren jungen Hund nicht überfordern.

> ▶ **TIP**
> *Die Spaziergänge sollten mit dem jungen Rottweiler, der zu den schnellwüchsigen Rassen gehört, anfangs nicht überzogen werden. Knochen, Sehnen und Bänder werden bei unserem Hund ohnehin in größerem Maße beansprucht, als es bei kleineren Rassen der Fall ist.*

Typvoller Rüde – mit hoher Aufmerksamkeit reagieren Rottweiler auf ihre Umgebung.

Der ausgewachsene Rottweiler benötigt einen täglichen Auslauf nicht unter zwei Stunden.

Wer dazu nicht bereit ist oder keine Gelegenheit findet, sollte überlegen, ob er nicht besser Abstand von diesem lebhaften Gebrauchshund nimmt und die Anschaffung eines weniger Ansprüche stellenden Hundes ins Auge faßt.

▶ **Umwelt kennenlernen**

Die Spaziergänge sollten aber vor allen Dingen dazu genutzt werden, unseren jungen Rottweiler mit seiner Umwelt, mit seiner neuen Umgebung und all den Dingen vertraut zu machen, die demnächst auf ihn zukommen. Auch wenn Sie ein Auto besitzen, sollten Sie Ihren Hund auf einer gelegentlichen Busfahrt oder bei einem Besuch des Bahnhofs mit all seinen Geräuschen und mit anderen Verkehrsmitteln konfrontieren.

▶ **TIP**

Die ersten 16 Wochen sind für die Verhaltensentwicklung des Hundes entscheidend. Im Wechselspiel von Umwelt und Veranlagung wird das Wesen allmählich geformt und schließlich gefestigt.

Ein Schützenfest in der Nähe, ein Kindergarten oder ein Besuch beim Tierarzt sind sinnvoll, damit Ihr Hund mit allem Erdenklichen vertraut ist, ehe er erst einmal groß und über 50 kg schwer wird. Wenn Sie erst einmal beim erwachsenen Hund schweißperlenbesetzt feststellen müssen „das kennt er nicht", kommt die Erkenntnis zu spät. Es bedarf dann schon weit mehr Aufwand, erst einmal aufgebaute Ängste, Unsicherheiten oder Abneigungen zu korrigieren.

Aber eines soll hier auch nicht verschwiegen werden: aufgrund einer teilweise reißerischen, weil Auflagen und Einschaltquoten steigernden Berichterstattung, wird es einem Rottweilerhalter gelegentlich widerfahren, daß er unqualifiziert „angemacht", ja angepöbelt wird! Dann sollten Sie so reagieren,

Der Kontakt zu anderen Hunden ist wichtig für den Aufbau des Sozialverhaltens.

wie wir unseren Rottweiler charakterisieren: Nervenfest, unerschrocken und mit hoher Reizschwelle! Sie ahnen ja nicht, welch verwunderte Reaktionen Ihr ruhiges, gelassenes Verhalten hervorruft.

▶ Hunde-Kontakte

Der spielerische Kontakt mit Artgenossen spielt für den späteren Umgang des Rottweilers mit anderen Hunden eine sehr wichtige Rolle. Sorgen Sie dafür, daß ihr heranwachsender Hund ausreichend Gelegenheit zum Spiel mit möglichst gleichaltrigen Hunden erhält. Der herzige Welpe entwickelt sich nicht von selbst zum angepaßten Familienmitglied, rücksichtsvollen Spielgefährten und problemlosen Ausgehpartner. Vielmehr muß schon der junge Hund lernen, seine Stellung im sozialen Gefüge des menschlichen Rudels zu akzeptieren. Gerade die Ausbildung vertrauensvoller und unbedingter körperlicher Duldsamkeit ist bei einem Hund dieser Größe und Stärke unerläßlich.

Von Bedeutung ist auch, daß Ihr Junghund nicht in ernsthafte Beißereien verwickelt werden sollte. Geht er als Sieger aus solch einer Keilerei hervor, besteht die Gefahr, daß er dieses positive Erlebnis wiederholen will. Bei einem ausgewachsenen Rottweiler werden Sie dann sicherlich keine streßfreien Spaziergänge mehr haben und bald von anderen Hundehaltern gemieden werden.

Wird Ihr Hund bei einer solchen Auseinandersetzung ernsthaft verletzt, macht er eine für ihn schmerzliche Erfahrung und es besteht die Gefahr, daß er sich Artgenossen in Zukunft nur noch ängstlich nähert.

▶ Schwimmen

Auf unseren Spaziergängen kann der noch junge Rottweiler auch an das Wasser gewöhnt werden. Ist er mit dem nassen Element von Jugend an vertraut, wird er später gerne eine Erfrischung in Gewässern suchen. Schwimmen ist für den Muskelaufbau besonders förderlich und bestens geeignet, um nach möglichen Verletzungen den Bewegungsapparat wieder aufzubauen und zu trainieren.

Nehmen Sie auf Ihren Unternehmungen ein altes Badetuch mit, das Sie im Wagen aufbewahren. Nach einem Spaziergang mit Bad rubbeln Sie Ihren Rottweiler einfach damit ab – das genügt bei diesem pflegeleichten Hund.

▶ Radfahren

Laufen am Rad begeistert die kraftvollen Tiere ebenfalls. Es stärkt darüber hinaus die Kondition und kräftigt ebenfalls die Muskulatur. Jedoch sollte damit erst im Alter von etwa 10 Monaten vorsichtig begonnen werden.

Beim Radfahren wird der Hund rechts geführt, möglichst nicht an zu langer Leine. Diese sollte keinesfalls an der Lenkstange befestigt oder ums Handgelenk gewickelt werden. Ein plötzlich querendes Wild (auch wenn der Rottweiler an sich nicht zum Wil-

Schwimmen kräftigt die Muskulatur in besonderem Maße.

dern neigt) könnte die Aufmerksamkeit des Hundes wecken und Ihnen unliebsamen Bodenkontakt bescheren. So, wie der Rottweiler gelernt hat, bei Fuß zu gehen, sollte auch die Radtour diszipliniert ablaufen.

Auch ist darauf zu achten, daß der Hund trabt, denn bei längerem und anhaltendem Springen und Galoppieren werden die Gelenke dieses Schwergewichtlers unnötig belastet. Auch wird in dieser Gangart der Aufbau der Muskulatur gefördert.

▶ Sportliche Aktivitäten

Jede Beschäftigung, die Körper und Geist des Rottweilers beansprucht, ist willkommen. Lernerfolg und Lernbereitschaft sind im Welpenalter besonders groß. Spezielle Hundeausbildungen im Welpenalter zu beginnen, ist auch der Ausbildung des ausgewachsenen Hundes zuträglich. Denn eine frühe, spielerische Ausbildung fördert die spätere Lernbereitschaft, ist der harmonischen Beziehung und dem „blinden" Verständnis des sechsbeinigen Teams Hundeführer/Hund förderlich und trägt zur seelischen Ausgeglichenheit, die gerade für eine Gebrauchshundrasse von Wichtigkeit ist, wesentlich bei.

Beachten Sie immer: das Spiel soll im Vordergrund stehen, eine Überforderung durch falschen Ehrgeiz wird zwangsläufig Mißerfolge nach sich ziehen – weniger ist mehr!

Welche der angebotenen Hundesportarten zur Freizeitbeschäftigung und Körperertüchtigung von Mensch und Hund geeignet sind, hängt vom Ausbildungsstand des Hundes, der rassespezifischen Eignung, dem individuellen Gesundheitszustand sowie von

Der Gebrauchshund Rottweiler braucht eine Aufgabe und lebt sichtbar auf, ist freudig bei der Sache, wenn er eine Aufgabenstellung hat.

Im Vierkampf stehen Gehorsamsübungen, Hürdenlauf und Slalom und schließlich ein 75-m-Hindernislauf auf dem Programm.

Im Geländelauf, der als Einzel-Zeitlauf mit angeleintem Hund auf Laufstrecken über 2 000 und 5 000 Metern durchgeführt wird, wird primär die Kondition von Hund und Halter gefordert, eine sportliche Betätigung für jene, denen das Joggen ohnehin Freude bereitet.

Der Combinations-Speed-Cup (CSC) ist ein auf Geschwindigkeit ausgerichteter Kombinationswettkampf, der sich für Mannschafts- wie Einzelwettkämpfe eignet. Die läuferischen Elemente des Vierkampfs – Slalom, Hindernislauf und Hürden – sind hier zu einem Gesamtparcours ergänzt.

Beim Hindernislauf müssen Hund und Hundeführer parallel zueinander auf einer Strecke von 75 Metern acht Hindernisse überwinden (Hürde, Schrägwand, Tunnel, Laufdiele, Tonne, Reifen, Hoch-Weit-Sprung, Hürde).

AGILITY ▶ Eine noch recht junge, aber immer beliebter werdende Sportart ist Agility. Der Hund wird durch einen Parcours geführt, in dem in wechselnder Folge Geräte wie Stofftunnel, Reifen, Wippe, Tisch, Schrägwand, Slalomstangen und Hürden plaziert sind. Je nach Prüfungskategorie sind auf einer Strecke von 100 bis 200 m zwölf bis 20 Hindernisse zu überwinden. Zum Erlernen der Aufgabenstellung wird der Hund zunächst an der Leine geführt, nach gewonnener Sicherheit wird diese weggelassen. In einem Turnier wird grundsätzlich ohne Leine und Halsband gestartet.

der physischen Verfassung seines „Führers" ab. Aber was noch nicht ist, kann ja noch werden (mit der entsprechenden Geduld und Ausdauer)!

TURNIERHUNDESPORT ▶ Bei dieser Wettkampfform wird dem Hundefreund für alle Altersstufen ein vielseitiges Angebot zur sportlichen Betätigung geboten.

Sichtlich angetan ist dieser Rottweiler von Agility.

Der Rottweiler gehört aufgrund seiner anatomischen Beschaffenheit sicher nicht zu den Hunderassen, die für Agility prädestiniert sind. Dennoch: wer nicht unbedingt auf dem Siegertreppchen stehen will, sondern vordergründig den Spaß und Streßabbau sieht, für den kann man diesen jungen Sport empfehlen.

Agility wird mit Recht auch die „hohe Schule der Unterordnung" genannt, was dem täglichen Umgang mit unserem Vierbeiner sicherlich förderlich ist. Hinzuweisen ist noch auf die Gefahren von Überbelastung im Wachstum durch exzessives Springen, mit nachteiligen Folgen für Knochen, Bänder und Gelenke.

FLYBALL ▶ Flyball ist ein Sport mit viel Action und durchschaubaren Regeln. Der Hund muß vier Hürden überspringen, eine Flyballbox (Ballwurfmaschine ähnlich wie im Tennissport) per Pfotendruck betätigen, den dann herausgeschleuderten Ball fangen und zurückbringen. Bei dieser aus den USA kommenden Spielart wird allerdings der Hundeführer körperlich nicht gefordert, gleichwohl bringt es spielfreudigen Hunden eine Menge Spaß.

FRISBEE ▶ Mit der Frisbeescheibe kann auch etwas Abwechslung in den Alltag Ihres Hundes gebracht werden. Ein Hund, der gerne apportiert, wird begeistert sein, da sich das begehrte Objekt bewegt und „erjagen" läßt. Vor Übertreibungen muß hier gewarnt werden. Die Statik des Rottweilers birgt hier die Gefahr von Kreuzbandrissen, die Knochen und Gelenke des schweren Hundes werden bei Luftsprüngen,

---

▶ Tips für den Sport

Bis zu einem Alter von 9 Monaten sollte der Hund noch keinen starken Belastungen ausgesetzt werden. Körperliche Betätigung erfolgt nur in spielerischer Form.

Mit untrainierten Hunden langsam anfangen, Muskulatur aufbauen und die Belastung allmählich steigern.

Bei Übergewicht sollte die Belastung nur allmählich gesteigert und gleichzeitig maßvoll abgespeckt werden. Lassen Sie den Hund vorher vom Tierarzt untersuchen.

Bei Hitze und praller Sonne nur in den kühleren Morgen- und Abendstunden Sport betreiben.

Nur in Gewässer lassen, aus denen der Hund ohne Ihre Hilfe wieder herauskommt.

Bei nassem und kaltem Wetter stets für anschließendes Abtrocknen (Durchtrocknen) des Hundes sorgen.

Drehungen und Landungen sehr strapaziert.

Die Scheibe sollte stoffbezogen sein, um das Gebiß nicht zu schädigen. Der Untergrund, auf dem Sie Ihren Hund toben lassen, sollte weich sein (Sandstrand oder Wiese).

▶ **Schutzhundsport**

Zu dieser Hundesportart, für die der Rottweiler besonders geeignet ist, gehören drei Abteilungen.

FÄHRTENARBEIT ▶ In der Abt. A, der Fährtenarbeit, muß der Hund im Gelände eine zuvor gelegte Fährte mit der Nase ausarbeiten und ausgelegte Gegenstände finden (anzeigen, wie es fachlich richtig heißt). Der Hund verweist durch Unterbrechen seiner Sucharbeit die Gegenstände (oder nimmt auf), wobei er sich z.B. hinlegt oder in die Position „Sitz" geht und erst auf die Aufforderung „Such" seines Hundeführers seine Nasenarbeit fortsetzt.

Für den Schutzhundsport ist der Rottweiler wegen seiner hohen nervlichen Belastbarkeit geradezu prädestiniert. Hier das Stellen und Verbellen. Aufmerksam wird der Helfer bewacht.

Diese Arbeit steigert sich nach Schwierigkeitsgraden in den einzelnen Prüfungsstufen. So darf der Hundeführer bei SchH 1 die Fährte noch selbst treten (legen), während die Anforderungen in SchH 2 und 3 vorsehen, daß eine „Fremdfährte" gelegt wird. Diese bleibt bis zu drei Stunden liegen, ehe die Sucharbeit beginnt. Zwischenzeitlich wird quer durch die bereits gelegte Fährte eine Verleitungsfährte gelegt. Hier muß die Nase des Rottweilers den zeitlichen Unterschied der Fährten erkennen und darf nicht der „Verleitung" folgen.

UNTERORDNUNG ▶ In Abt. B, der Unterordnung, wird die Leinenführigkeit, Freifolge sowie wichtige Übungen wie z.B. Herankommen auf Kommando, Sitz und Platz aus der Bewegung und dem Laufschritt, das Voraus, das Apportieren über Hindernisse oder das Ablegen unter Ablenkung gefordert. Während ein anderer Hundeführer Unterordnungsübungen mit seinem Hund zeigt, liegt der abgelegte Hund unangeleint und ohne seinen Hundeführer. Diese Gehorsamsübung ist auch schon wichtiger Bestandteil der Begleithundeprüfung.

Ohne diese vorausgegangenen Übungen wäre die dritte Abteilung, C, nicht denkbar.

SCHUTZDIENST ▶ In der Abt. C, dem Schutzdienst, ist ein hohes Maß an Unterordnung erforderlich, um den Anforderungen dieses Sportes zu genügen. Der Hund muß lernen, Verstecke abzurevieren, um einen möglichen Scheintäter aufzuspüren, diesen zu stellen und zu verbellen. Erst bei einem Angriff oder einem Fluchtversuch darf der Hund den vermeintlichen Täter greifen, wobei er nur in den übergestreiften Schutzarm fassen darf und diesen bei Einstellen der Flucht bzw. des Angriffs wieder auslassen muß.

Wesentlicher Bestandteil dieser Arbeit ist, daß der Hund durch den Angriff mit Soft-Stock, Gebärden und Vertreibungslauten des Schutzdiensthelfers nervlich belastet wird, um ihn sicher beurteilen zu können. Ein selbstsicherer, nervenstarker Rottweiler darf keine Schwäche, keine Furcht oder Fluchtansätze zeigen. Ein solcher selbstsicherer Schutzhund wird nie eine Gefahr darstellen, nie zum Angstbeißer in anderen Situationen werden.

Ein Schutzhund, der auch noch so gut diese Arbeit, die ja eben doch „nur" Sport ist, verrichtet, ist entgegen weitverbreiteter Ansicht nicht zwangsläufig für den zivilen Schutz ausgebildet. Denn er ist es gewohnt, ausschließlich in den geschützten Arm zu greifen,

und gehemmt, einen ungeschützten Arm zu packen.

Eine Ausnahme bilden hier durch den Menschen bewußt oder durch Unkenntnis verdorbene Tiere. Für diensthundliche Aufgaben werden daher bevorzugt sogenannte „ungearbeitete" Hunde verwendet und speziell ausgebildet.

▶ **Diensthund**

„Hunde sind unverzichtbare, wichtige und erfolgreiche Partner der Polizei. Ihre Existenz und ihr Einsatz trägt zur Sicherheit der Bürger bei. Als unsere Mitgeschöpfe verdienen sie unser Vertrauen, Respekt und Fürsorge", so Alfred Maciejewski, Schulleiter der Diensthundführerschule in Stukenbrock.

Eine der wesentlichen Stützen im Polizeidienst ist unser Rottweiler. Aufgrund seiner enormen nervlichen Belastbarkeit, die zudem mit anderen Vorzügen korreliert, ist die Verwendung

Die Zuverlässigkeit des Rottweilers weiß auch das österreichische Heer zu schätzen, das Gros der Diensthunde sind Rottweiler.

dieses Rassehundes unverzichtbar. Sein Aufgabengebiet erstreckt sich vom Schutz des Beamten über Objektsicherung z.B. im Bundesgrenzschutz (z.B. Flughafensicherung Köln/Bonn) bis hin zur Sicherung von Verkehrsmitteln wie beispielsweise den U-Bahnen in einigen Großstädten.

Die Diensthundeführer nehmen mit ihren Hunden an internationalen Leistungsvergleichen zur Standortbestimmung teil.

Seit etwa 100 Jahren werden in unserem Land Hunde im Dienst der Polizei genutzt. Zunächst bezeichnete man die ersten Diensthunde als Kriminal- oder Fährtenhunde, später als Schutzhunde und gemäß ihrer spezifischen Verwendung als Spürhund. Aufgrund ihrer artspezifischen Fähigkeiten werden Hunde nach wie vor erfolgreich im Rahmen der repressiven und präventiven Kriminalitätsbekämpfung eingesetzt.

Der Rottweiler wird als Leichenspürhund, als Sprengstoffspürhund, Rauschgiftspürhund, Fährtenspürhund oder

auch als Geruchsvergleichsspürhund eingesetzt. Hier werden Leistungen erbracht, die dem Menschen trotz all seiner modernen technischen Errungenschaften bis heute unmöglich sind. Die enorme psychische Belastbarkeit hat ihn zu einem bewährten Partner der Exekutive in vielen Bereichen unseres täglichen Lebens gemacht. Auch als Retter vor dem „Weißen Tod" wird er erfolgreich als Lawinensuchhund eingesetzt. Viele Rettungsstaffeln setzen Rottweiler als verläßliche Tiere ein.

▶ Urlaub

Wer sich als Hundehalter mit seinem vierbeinigen Partner im Urlaub erholen will, kann dies fast überall ungehindert tun. Doch um unliebsamen Überraschungen vorzubeugen, um den Urlaub zum ungestörten Erlebnis werden zu lassen, sollten einige Dinge beachtet werden.

Vor Auslandsaufenthalten können Sie über den ADAC, den Tierschutzbund, Ihren Tierarzt, das Fremdenverkehrsbüro oder über die Botschaft die Einreisebestimmungen des jeweiligen Landes erfragen. In einigen Fällen wird ein ärztliches, in anderen wiederum ein amtstierärztliches Gesundheitszeugnis verlangt. Bitte beachten Sie auch, daß es teilweise Fristen dafür gibt, wie lange vor Reiseantritt die Impfungen höchstens bzw. mindestens erfolgen müssen.

Auch so große Hunde wie der Rottweiler können problemlos mit in Hotels und Pensionen genommen werden. Dies ist, wie schon für andere Bereiche erwähnt, alles eine Frage der Übung, Gewöhnung und Erziehung. Gelegentlich wird für Hunde ein geringer Aufpreis für die Reinigung erhoben. Bisher haben meine Frau und ich jedoch noch nie Probleme gehabt. Im Gegenteil wurde uns in den Fällen, in denen für Hunde eine Gebühr zu entrichten war, diese schließlich mit den Worten erlassen: „Wir haben Ihre Hunde überhaupt nicht gespürt."

Bedenken Sie aber auch, daß sich Ihr Rottweiler im Urlaub, im Hotel, so zeigt, wie er es von zu Hause gewöhnt ist. Hat er auch daheim Zugang zu Ihrem Bett, werden Sie dies in einem Hotel kaum vermeiden können.

Gleiches gilt für das Benehmen bei Tisch. Auch hier ist es angenehm, wenn schon der kleine Rottweiler gelernt hat, daß er Sie ungestört speisen lassen muß.

TIP

Es ist praktisch, eine Decke oder ein altes Kleidungsstück mitzunehmen, auf das sich der Hund legen kann, wenn Sie ihn einmal allein im Zimmer zurücklassen müssen.

Empfehlenswert ist auch, das Personal zu informieren, daß das Betreten Ihres Hotelzimmers vorübergehend nicht zu empfehlen ist. Ein verantwortungsbewußter Hundehalter erschreckt nicht das nette Zimmermädchen, das mit besten Absichten das Zimmer betreten will.

Noch eine Anmerkung zur Mitnahme bei Flugreisen: Wegen seiner Größe und seines Gewichtes darf ein Rottweiler nur im Frachtraum des Flugzeuges mitreisen. Aber beachten Sie, daß einige Fluggesellschaften Ihren Hund unter Umständen in eine andere Maschine verlegen. Fragen und verlangen Sie vorher ausdrücklich nach einem Flug

Checkliste für den Urlaub

☐ Frühzeitig ein hundefreundliches Urlaubsquartier suchen und den Rottweiler dort mit anmelden.

☐ Rechtzeitig den Impfschutz überprüfen und ggf. nötige Impfungen vornehmen lassen.

☐ Ins Reisegepäck des Hundes gehören: Leine, Halsband, Napf, Wasserflasche, gewohntes Futter, Kauknochen, Spielzeug, Decke, Zeckenzange, Impfpaß, ggf. Medikamente.

☐ Am Abreisetag nichts mehr zu fressen geben.

☐ Bei 25 °C und mehr leiden auch Hunde unter der Hitze, denn sie schwitzen kaum, geben die hohe Körpertemperatur praktisch nur über das Hecheln ab. Deshalb dafür sorgen, daß der Hund immer ein schattiges Plätzchen zum Ausruhen hat und stets ausreichend mit frischem Wasser versorgt ist.

☐ Bei Badeurlaub sollte der Hund vor dem Strandbesuch ausgiebig ausgeführt werden; am Abend Salz und Sand aus dem Fell duschen.

in derselben Maschine, da es sonst zu Komplikationen kommen kann und Ihr Hund womöglich unversorgt bleibt, wenn sich niemand an ihn heranwagt. Kommen in einem fremdsprachigen Land Verständigungsprobleme hinzu, ist das Chaos perfekt und der Erholungwert Ihrer Reise garantiert zunichte!

Rottweiler züchten

Rottweiler züchten

Wenn Sie an der Rasse Gefallen gefunden haben und der Entschluß gereift ist, mit dem Rottweiler zu züchten, sollte man dies, wenn man es denn ernsthaft und gewissenhaft mit diesem Leistungshund meint, ausschließlich in der Zuchtgemeinschaft innerhalb der FCI tun. Die jeweiligen angeschlossenen Länder haben ihre Landesorganisationen, dies ist in Deutschland, dem Mutterland des Rottweilers, der Verband für das Deutsche Hundewesen (VDH) e. V.

Einziger dem VDH angeschlossener und zuchtbuchführender Verein ist der Allgemeine Deutsche Rottweiler Klub (ADRK) mit Sitz in Minden. Hier sorgen die strengsten Zuchtbestimmungen innerhalb des VDH, ja weltweit, für bestmögliche Voraussetzungen, um einen gesunden, leistungsfähigen, wesensfesten und dem Ideal des Standards möglichst nahekommenden Rottweiler zu züchten. Die entsprechenden Rassezuchtvereine in Österreich und der Schweiz, die der Internationalen Föderation der Rottweiler-Freunde (IFR) angeschlossen sind (1. Präsident ist der Präsident des ADRK), sind der Österreichische Rottweiler-Klub und der Schweizerische Rottweilerhund-Club, die jeweils den nationalen Dachverbänden angeschlossen sind.

In diesem Alter kann noch niemand mit Sicherheit vorhersagen, ob der Kleine ein erfolgreicher Ausstellungssieger werden wird.

▶ Voraussetzungen

Mitglieder des Allgemeinen Deutschen Rottweiler Klubs müssen Seminare mit Abschlußprüfung belegen. Außerdem wird die angemeldete Zuchtstätte abgenommen, nach tierschutzrechtlichen Bestimmungen überprüft und der angehende Züchter erneut einer Überprüfung seiner Kenntnisse unterzogen.

Die vorgesehene Zuchthündin muß eine Begleithundprüfung abgelegt haben. Außerdem muß sie auf Hüftgelenksdysplasie geröntgt sein und von der Auswertungsstelle bescheinigt bekommen haben, daß ungünstigstenfalls eine HD-Übergangsform vorliegt. Seit dem 1. August 1996 wird bei der

HD-Überprüfung auch auf Ellbogen-dysplasie (ED) geröngt.

Die Ergebnisse werden durch Eintragung ins Zuchtbuch und in das Computerzuchtprogramm Dogbase öffentlich zugänglich gemacht. Hierdurch soll verhindert werden, daß Tiere mit ED-Deformationen Berücksichtigung in der Zucht finden, da hier erst noch Erfahrungswerte gesammelt werden.

Dies sind die Voraussetzungen, damit die Hündin zur Zuchttauglichkeitsprüfung zugelassen werden kann.

Hier werden die Rassemerkmale durch einen Zuchtrichter überprüft: Zähne, Augenfarbe, Größe, Gewicht, Knochenstärke und Muskulatur, Gangwerk, Winkelungen, Gebäudeform, Kopfform und mehr. Schließlich findet eine Wesensüberprüfung statt, auf der die Tiere einer erheblichen nervlichen Belastung ausgesetzt werden.

Die gleichen Voraussetzungen gelten für den Deckrüden, wobei bei einer Verpaarung mindestens eines der Tiere zusätzlich ein Ausbildungskennzeichen haben muß.

Voraussetzungen für die Zucht

☐ Anmeldung und Schutz eines Zwinger-namens

☐ Züchterseminare mit Abschlußprüfung

☐ Abnahme der Zuchtstätte

☐ bestandene Begleithundeprüfung

☐ HD höchstens Übergangsform

☐ ED-Eintragung (öffentlich)

☐ Belegerlaubnisschein Hündinnenbesitzer

☐ Deckerlaubnisschein Rüdenbesitzer

☐ Ausbildungskennzeichen bei Rüde oder Hündin

Die Freifolge durch die Gruppe stellt einen wichtigen Teil der Begleithundeprüfung dar.

Wer nun diese Anforderungen kennt, dem wird rasch klar, daß ein Hobbyzüchter, der sich nicht der Möglichkeiten eines solchen Vereines bedient, bei allem guten Willen und aller Liebe zur Kreatur gar nicht in der Lage sein kann, auch nur annähernd diese Voraussetzungen zu erfüllen.

Doch gerade bei dieser Hunderasse muß das Bestreben, einen gesunden Geist in einem gesunden Körper zu züchten, oberste Priorität besitzen.

Um eine Zuchtstätte einzurichten, die den Ansprüchen und Anforderungen der heutigen Zeit genügt, ist neben der Zwingeranlage, die mindestens 10 m² groß sein muß, eine Hundehütte bzw. Wurfkiste und ein Freilauf erforderlich. Die Beschaffenheit sollte so sein, daß die Welpen nicht reizarm und isoliert aufgezogen werden. Viel Licht,

Nähe zum Menschen und ausreichender Kontakt zur Umwelt sollten gegeben sein, so daß die Welpen in der wichtigen Prägungsphase vielfältige Eindrücke sammeln können.

Anzumerken ist, daß eine ausschließliche Zwingerhaltung für unseren Rottweiler nicht seiner Daseinsform als Familienhund entspricht. Er braucht die Teilnahme am Leben seiner Familie, um nicht seelisch zu verkümmern.

▶ Ausstellungen

Rassehundeausstellungen dienen der Bestimmung des Zuchtpotentials. Hier werden Vergleiche, Zuchterfolge und immer wieder Wesensbeurteilungen ermöglicht.

Der Interessent kann sich sozusagen am lebenden Beispiel die Besonderheiten des Rottweilers erklären und sich Erwünschtes wie Unerwünschtes vor Augen führen lassen. Hier besteht auch die Möglichkeit, sich über den aktuellen Stand der Gebrauchsfähigkeit der Rasse zu informieren.

Zweifellos dienen sie auch dazu, alle Beteiligten zu schulen: Züchter und Zuschauer, Freunde der jeweiligen Rasse und schließlich auch die Zuchtrichter, deren Aufgabe es ist, das Aussehen, die Gesundheit und die Gebrauchsfähigkeit der Rasse zu erhalten.

SELBST AUSSTELLEN ▶ Bereits der junge Hund sollte an Menschenansammlungen gewöhnt werden. Er soll von vielen fremden Personen angefaßt werden; auch und vor allem von Kindern, die oftmals unkontrollierte Bewegungen machen.

Das Zähnezeigen wird niemals ein Problem darstellen, wenn es immer

TIP

Bitten Sie auf einem Hundeplatz den Ausbilder, mit Ihnen und Ihrem Rottweiler einige Übungen durchzugehen, um für die Anforderungen, die bei einer Schau auf Sie und Ihren Hund zukommen, vorbereitet zu sein. Verweisen Sie auf seine große Erfahrung. Mit einem freundlichem Lächeln wird man Ihnen zweifellos Hilfestellung zukommen lassen.

wieder von klein an geübt wird. Bedenken Sie auch, daß Ihr Rottweiler sich im Ring mit anderen Artgenossen aggressionsfrei zeigen muß, ansonsten ist bei den Richtern mit einer Disqualifikation wegen Wesensmängeln zu rechnen! Ist Ihr Hund auch von noch so schöner Gestalt, ein Aggressionsverhalten führt zum Ausschluß und wird in den Papieren vermerkt.

Üben Sie das Führen des Hundes im Ausstellungsring, das Stehenbleiben vor dem Richter, das Zähnezeigen – und

Bei der Standbeurteilung verschafft sich der Zuchtrichter einen Überblick über das äußere Erscheinungsbild des Hundes. Das Gebäude, Fell, Augen, Ohren und Gebiß werden beurteilt; die Rückenlinie, Bemuskelung und Knochenstärke festgestellt.

Ausstellungs-Checkliste

Vor der Ausstellung

☐ Besuchen Sie zunächst eine Ausstellung als Zuschauer, damit Sie einen Eindruck vom Geschehen am und im Ausstellungsring gewinnen.

☐ Üben Sie täglich beim Spiel und nicht erst am letzten Tag das Zeigen der Zähne und bei Rüden die Kontrolle der Hoden; Sie laufen sonst Gefahr, daß der Hund nicht gerichtet wird.

☐ Der Hund muß sich im Ring ruhig verhalten. Gewöhnen Sie ihn deshalb rechtzeitig an fremde Menschen und fremde Hunde, zweckmäßigerweise angeleint im Straßenverkehr.

Organisatorisches

☐ Fordern Sie rechtzeitig die Meldepapiere an, und schicken Sie das anhand der Ahnentafel ausgefüllte Meldeformular und eventuell nötige Bestätigungen über SchH-Prüfungen oder Siegertitel rechtzeitig zum vorgegebenen Meldetermin ab.

☐ Vergessen Sie nicht, daß nur ein sauberer, gepflegter Hund Aussicht hat, den erwünschten Platz zu erringen.

☐ Bringen Sie zur Ausstellung folgende Unterlagen mit: Ahnentafel, Impfpaß, evtl. amtstierärztliches Zeugnis und die Meldebestätigung; dazu für den Hund Halsband und Leine, Decke, Napf und Wasserflasche, Belohnungshäppchen; eventuell einen Klappstuhl.

☐ Erscheinen Sie pünktlich, besser eine halbe Stunde vor Beginn des Richtens am Ring.

Während der Ausstellung

☐ Das gute Gangwerk zeigt der Hund erfahrungsgemäß bei lockerer Leinenführung.

☐ Schönheit allein ist nicht entscheidend, der Hund muß auch wesensmäßig gefallen, d.h. bei einem Wesenstest nicht erschrecken oder zurückweichen.

☐ Auch wenn nicht das erhoffte Richterurteil erreicht wird, ist und bleibt Ihr Hund für Sie der schönste Rottweiler – denn was schön ist, bestimmt das Herz allein!

dies alles in der Anwesenheit anderer Hunde. Ihr Hund muß sich vom Zuchtrichter anfassen lassen, bei Rüden wird eine Hodenkontrolle durchgeführt.

Bereiten Sie sich auf die Ausstellung, an der Sie teilnehmen wollen, vor: Informieren Sie sich rechtzeitig über Ort, Anfahrt, Beginn, Ablauf und Besonderheiten und reisen Sie frühzeitig an. Ermöglichen Sie Ihrem Hund, sich ausreichend zu bewegen und sich vorher zu lösen. Nichts ist peinlicher, als wenn ein Malheur im Ring passiert, doch Schuld hat hier nicht der Hund. Unnötige Hektik und Ihre Nervosität übertragen sich auf den mit einem sensiblen Gespür ausgestatteten Hund, er ist nur das Spiegelbild Ihres Verhaltens.

▶ Läufigkeit

Der Zyklus der Hündin sieht zwei Hitzen im Jahr vor, jedoch ist auch bekannt, daß es einige sogenannte 7- oder 8-Monats-Hündinnen gibt, daß eine Hündin „schiebt". Witterungseinflüsse können ebenfalls Einfluß auf die Zyklen nehmen, auch Abweichungen nach unten sind bekannt.

Erstes Anzeichen für eine beginnende Läufigkeit ist ein vermehrtes, mehrmaliges Absetzen des Wassers in der Art, wie ein Rüde das Bein hebt und „markiert". Dadurch sollen Rüden aufmerksam gemacht werden. Allerdings gibt es auch Alpha-Hündinnen (Leittiere), die dieses Verhalten immer zeigen. Auch das zunehmende Interesse fremder Rüden signalisiert die sich anbahnende Hitze.

Schließlich ist eine Vergrößerung des Geschlechtsteils zu beobachten. Den ersten Tag der Blutabsonderung exakt zu bestimmen, ist schon wegen des Reinigungsdrangs der Hündin nicht einfach, die sich nun häufiger leckt. Doch auch dieses häufig auftretende Reinigen ist ein weiteres Indiz. Um den ersten Tag der Blutung nicht zu übersehen, kann bei beginnender Verhaltensänderung regelmäßig ein Papiertaschentuch zu Hilfe genommen werden, auf dem eine Verfärbung gut sichtbar wird.

Den genauen Zeitpunkt zu bestimmen ist jedoch ohnehin nur für den Züchter von besonderem Interesse, da aus der Fehleinschätzung des ersten Tages der Blutung oft der Decktag falsch bestimmt wird. Die Hochhitze liegt normalerweise um den 10. bis 14. Tag, der beste Decktermin mit der größten Anzahl reifer Eizellen somit vom 11. bis zum 13. Tag. Einige Züchter wählen auch den Weg der Mehrfachbelegung.

Aber auch bei der Bestimmung der

▶ Läufigkeitskalender

Beginn der Läufigkeit	voraussichtliche nächste Läufigkeit	Bemerkungen

Tage, an denen die Hündin deckbereit ist, läßt die Natur nicht unerhebliche Abweichungen zu, so daß es weiterer Anhaltspunkte bedarf, um mehr Sicherheit zu erlangen. Tatsache ist, daß das Leerbleiben von Zuchthündinnen

zu einem nicht unerheblichen Teil aus der nicht korrekten Bestimmung des Decktermins resultiert.

Weitere Anhaltspunkte sind die Kontrolle der farblichen Veränderung der blutigen Ausscheidung, Temperaturmessungen, ein Progesterontest durch den Tierarzt oder der Einsatz eines erfahrenen Deckrüden, der sich von einer noch nicht oder nicht mehr „stehenden" Hündin nach kurzer Zeit desinteressiert abwendet.

Ferner ist zu beobachten, daß sich einige Hündinnen nach erfolgter Belegung mit „Aufnahme" (Befruchtung) kein weiteres Mal mehr belegen lassen, obwohl sie noch in der Hochhitze stehen. Eine hormonelle Veränderung erfolgt rasch, was auch Rüden nicht verborgen bleibt. Die Partner zeigen zwar häufig noch ein „Vorspiel", zum Akt kommt es jedoch nicht mehr. Rüden,

▶ Läufigkeitsdiagramm

Tag	
5	Scham beginnt anzuschwellen
4	
3	
2	
1	großer Appetit, sehr anhänglich

1		rot
2		
3		
4	Ausfluß	hellrot
5		
6		rosa
7		
8		
9		farblos

10	
11	
12	in der Regel bester Decktermin
13	

14	während dieser Zeit-
15	spanne wird der Rüde
16	von der Hündin am
17	besten angenommen

18	Hündin lehnt den Rüden
19	ab; in seltenen Fällen
20	aber auch noch am 21. Tag
	Befruchtung möglich

21

In ständigem Einsatz kümmert sich die Hündin liebevoll um ihren Nachwuchs.

die dennoch die Hündin besteigen wollen, werden von ihr durch Verbeißen barsch in die Schranken gewiesen.

Wenn man keinen Nachwuchs möchte, versteht es sich von selbst, daß die Hündin während der Hitze grundsätzlich angeleint ausgeführt werden muß. Schließlich ist der natürliche Fortpflanzungstrieb größer als jeder anerzogene Gehorsam.

Lebt im Haushalt der läufigen Hündin auch ein Rüde, sollten die Hunde vorübergehend getrennt gehalten werden. Möglichst den Rüden auch nicht in die Räumlichkeiten lassen, in denen sich zuvor die Hündin aufgehalten hat. Die für den Rüden anziehenden, aufregend starken Düfte können seinen Sexualtrieb stark ansprechen, er jault und hinterläßt womöglich Ejakulat. In dieser Phase wird er schlecht fressen, womöglich einige Tage das Futter verweigern. Daher sollte, wer dies seinem Rüden ersparen möchte, auch auf Spaziergängen auf unnötige Kontakte zu hitzigen Hündinnen verzichten.

Wer mit dem Gedanken spielt, der Hündin zur Unterdrückung der Läufigkeit eine Hormonspritze zu verabrei-

TIP

Wenn keine Zucht geplant ist, kommt eine Kastration in Frage, die auch der Neubildung von Gesäugetumoren entgegenwirkt, wenn der Eingriff vor der zweiten Läufigkeit vorgenommen wird. Danach ist kein schützender Einfluß mehr feststellen. Ein zu früher Eingriff wiederum kann die körperliche Entwicklung dieser Rasse hemmen, die ohnehin eine längere Entwicklungsphase benötigt als andere, kleinwüchsige Rassen.

chen, sei auch auf die möglichen Gefahren hingewiesen. Hormonbehandlungen scheinen, wie Beobachtungen zeigen, der Bildung von Gesäugetumoren Vorschub zu leisten.

▶ Scheinträchtigkeit

Bei diesem Phänomen zeigt die Hündin ein Verhalten, als sei sie tatsächlich trächtig. Sie legt im Umfang zu, das Gesäuge schwillt an, und es schießt Milch ein. Eine solche Hündin wäre in der Lage, als Amme Welpen aufzuziehen. Sie wird versuchen, ein Nest zu bauen, Decken und Kissen zurechtrücken. Auch eine Wesensveränderung kann beobachtet werden. Zu stark eingeschossene Milch bereitet der Hündin jetzt womöglich Schmerzen, sie beginnt auch zu „weinen" und zeigt sich extrem liebebedürftig. Falsch wäre es nun, die Hündin zu bemitleiden und zu trösten. Hiermit verstärken Sie nur noch das scheinträchtige Verhalten. Statt dessen soll die Hündin bewegt, ausgeführt und auf andere Gedanken gebracht werden. Helfen Sie ihr mit kühlenden Umschlägen, auch Salben sind nützlich. Der Tierarzt kann, wenn nötig, Ihre Bemühungen mit einer Spritze unterstützen.

▶ Belegung und Trächtigkeit

Auf dieses Thema soll an dieser Stelle nicht im Detail eingegangen werden, da, wer gewissenhaft züchten will, ohnehin intensiver Vorbereitungen bedarf (siehe Seite 96).

Daher nur einiges Grundsätzliches. Wer seine Hündin belegen lassen möchte, sollte sicherstellen, daß keine Infektion vorliegt und ggf. einen Abstrich vornehmen lassen. Das läufige Muttertier muß ernährungsmäßig vor-

Ein harmonischer Anblick, der erst am Ende der achten Woche mit der Abgabe beim Züchter enden darf. Nun werden die Welpen vom Zuchtwart durch Tätowierung gekennzeichnet.

bereitet werden und der Immunaufbau der künftigen Welpen schon bei der Hündin durch regelmäßige Impfungen und Entwurmungen begonnen werden. Die Räumlichkeiten und die Wurfkiste werden rechtzeitig vorbereitet, um kurz vor dem Wurfdatum keine Hektik aufkommen zu lassen und der Hündin die Möglichkeit der Eingewöhnung zu geben.

Die Tragezeit wird im Mittel mit 63 Tagen veranschlagt. Deutlich abweichende Angaben von Züchtern sind keine Seltenheit. Dies kann aus der Stärke des Wurfes resultieren (große Würfe fallen eher, kleine auch später), aber auch aus der zuvor beschriebenen Mehrfachbelegung, die den genauen Tag der Aufnahme nicht bestimmen läßt.

Der Wurftag kündigt sich allerdings durch eine Veränderung der Körpertemperatur an. Die normale Körpertemperatur der Hündin liegt zwischen 38,2 und 38,4° C. Fällt nun die Temperatur um ca. 1,5° ab und steigt dann wieder an, dann ist der Wurf innerhalb der nächsten 24 Stunden zu erwarten.

▶ **Die Geburt**

Bleiben Sie während der Geburt bei Ihrer Hündin und halten Sie alle Störungen von ihr fern. So können Sie im Notfall eingreifen und ggf. den Tierarzt rufen. Am besten bitten Sie bei der ersten Geburt den Zuchtwart oder einen erfahrenen Züchter, Sie zu unterstützen.

▶ **Die ersten Tage**

Nun ist der Wurf gefallen, die Hündin hat die Eihaut aufgebissen, die Nabelschnur getrennt, die Nachgeburt aufgefressen und die Kinderpflege übernommen. Liebevoll leckt sie die Jungen sauber, für die es wichtig ist, nun kurz nach der Geburt die so lebenswichtige Kolostralmilch zu trinken.

Je nach Wurfstärke sind die Welpen zwischen 350 und 600 bis 700 Gramm schwer. Der Züchter unterstützt die Hündin, reibt die Kleinen trocken und legt sie bei der Hündin an, die jetzt, je nach Wurfstärke, alle „Pfoten" voll zu tun hat. Die Wurfkiste ist rundherum mit Stäben versehen, unter denen die kleinen Hundebabys Platz finden und vor einem versehentlichen Erdrücken geschützt sind.

Unentwegt ist die Hündin damit befaßt, ihre Kinder zu reinigen und, um die Verdauung anzuregen, ihnen den Bauch zu lecken. Aus Sorge um ihren Wurf hält sie Verdauung und Wasser zurück, ist nur kurz bereit, die Wurfkiste zu verlassen.

Sind diese ersten Stunden überwunden, die Welpen offensichtlich gesund, ist es der Hündin überlassen, für die Kleinen zu sorgen. Sie brauchen in den ersten Tagen außer Muttermilch und mütterlicher Fürsorge (die Hündin leckt die Verdauung des Nachwuchses in der Regel bis zur Beifütterung auf) nur einen warmen, trockenen Platz.

Nach acht Tagen beginnen die Welpen ihre Augen zaghaft zu öffnen, erblicken langsam das Licht, auch das Gehör öffnet sich.

▶ TIP

Ist es erforderlich, mit einem der Welpen den Tierarzt aufzusuchen, ist es ratsam, den Welpen anschließend, bevor er wieder zu der Hündin gelegt wird, mit einem der von der Nachgeburt durchtränkten Tücher abzureiben. Der Hündin, die den fremden Geruch des Tierarztes sofort wahrnimmt und in Panik geraten kann, wird so unnötige Aufregung erspart.

Die Milchleiste der Hündin muß auf Verhärtungen überprüft werden, das Wurflager stets sauber und trocken gehalten werden.

▶ Beginnende Aktivitäten

Die Welpen, die sich zunächst kriechend und ab der dritten Woche auf wackeligen Beinchen durch das Wurflager bewegen, haben schon hier den Drang, ihr Lager sauber zu halten und ergreifen die Möglichkeit, sich außerhalb der Kiste zu lösen. Die Umwelt wird nun bald bewußt und aktiv wahrgenommen. Spielaktionen stellen sich ein, die aufgrund der Tolpatschigkeit der Kleinen rührend wirken. Mit dreieinhalb Wochen sind die kleinen, spitzen Zähnchen deutlich zu spüren, und die Hündin wird beim Säugen arg strapaziert.

Ab der fünften Woche sind die Sinnesleistungen der Welpen voll entwickelt, und durch den gesteigerten Bewegungsdrang werden die Schlafperioden immer kürzer.

Hatte die Sorge um die gesunde körperliche Entwicklung bisher Vorrang, so tritt nun die psychische Entwicklung in den Vordergrund.

Der Züchter hat die Verantwortung, in den wenigen ersten Wochen den Grundstein für die weitere positive Entwicklung der Welpen zu legen und vielfältige Sinneseindrücke und Umwelterfahrungen zu ermöglichen. Mit der fünften Woche beginnt die Prägungsphase, in der prägende Vorgänge im Gedächtnis gespeichert werden. Wissenschaftler haben bewiesen, daß Hunde, die ohne menschlichen Kontakt aufwachsen, sich nicht mehr dem Menschen anschließen.

Selbst bei einseitiger Aufzucht, wenn unser kleiner Rottweiler nur mit Männern oder nur mit Frauen in Berührung kommt, kann es im späteren Zusammenleben zu Schwierigkeiten kommen.

▶ Zufüttern

Etwa ab der vierten Woche beginnt die Zufütterung. Der Zeitpunkt hängt ab von der Wurfstärke, der Milchleistung der Mutter und/oder auch von etwaigen Gesäugeproblemen, die durch die nun schon mit kleinen, spitzen Zähnchen ausgestatteten Welpen verursacht sein können.

Zunächst gibt es Brei, doch nach und nach wird den heranwachsenden Welpen feste und abwechslungsreiche Kost angeboten, was dem späteren Welpenbesitzer die weitere Aufzucht enorm erleichtert, da die Kleinen bereits an verschiedene Menüs gewöhnt sind. Das Absetzen, also das schrittweise Wegführen von der Muttermilch, geschieht behutsam.

▶ Welpen-Kindergarten

Durch ausgiebiges Spielen miteinander und mit dem Menschen werden die Welpen in ihrer Lernbereitschaft gefördert. Der Züchter sorgt mit einem Radio für Stimmen, holt, wenn er keine eigenen Kinder hat, welche aus der Nachbarschaft und bietet den Welpen Spielmöglichkeiten und vielfältige Umweltkontakte an, die für die Umweltverträglichkeit unabdingbar sind. Auch ein übermäßiges Behüten wird vermieden. Die Kleinen sollen eigene Erfahrungen machen. Scheint Gefahr in Verzug, z.B. durch einen Gegenstand, der umzustürzen droht, und der Mensch läuft ängstlich, hektisch und besorgt zu seinen Welpen, kann Schreckhaftigkeit gefördert werden.

▶ T I P

Ein Brett, unter welchem ein Rundbalken befestigt ist (Wippe), eine leere, umgekippte Regentonne, Seile, Bälle, Dosen und mehr bieten eine reizvolle Möglichkeit, spielerisch Lebenserfahrung zu sammeln.

▶ Gesundheit und Formalitäten

Zum Schutz der körperlichen Gesundheit entwurmt der Züchter mehrfach. Appetitlosigkeit eines Welpen kann schon ein Hinweis auf einen möglichen Spulwurmbefall signalisieren, der einem Welpen arge Probleme bereitet. Um den Befall auf natürlichem Weg in Grenzen zu halten, kann die Hündin täglich mit Knoblauch und geriebenen Karotten versorgt werden.

Nun sind die ersten acht Wochen vollendet, der Tag naht, an dem der Zuchtwart kommt, die Zuchtstätte erneut inspiziert, die Hündin begutachtet, die Welpen beurteilt und tätowiert. Die Unterlagen werden dem Zuchtverband zugestellt, und dem Züchter werden die Ahnentafeln geschickt, der dann, wenn die Umstände es erlauben, oft die Gelegenheit nutzt, dem Welpenkäufer die Papiere persönlich zu überbringen – natürlich mit dem Hintergedanken, die Haltung seines Welpen vor Ort begutachten zu können.

Service

Service

▶ **ABSETZEN** allmähliches Umstellen von der Muttermilch auf Welpenkost.

▶ **AD** Ausdauerprüfung, sie wird über eine Distanz von 20 km abgelegt.

▶ **AFTERKRALLE** auch Wolfskralle genannt, vorkommende fünfte Zehe an der Innenseite der Hinterläufe.

▶ **AHNENTAFEL** ein vom Zuchtbuchamt ausgestelltes Dokument, ein Abstammungsnachweis mit Name, Wurftag, Zuchtbuchnummer, Elterntieren und Züchternachweis.

▶ **AK** Ausbildungskennzeichen, Nachweis einer absolvierten Ausbildung.

▶ **ALPHAHUND** Leithund, ranghöchster Hund eines Rudels.

▶ **ANALBEUTEL** er produziert ein Sekret, das über die Drüsengänge in den Anus gelangt.

▶ **ANZEIGEN** bellen, kratzen, aufmerksam machen durch den Hund.

▶ **APPORTIEREN** Aufnehmen und Herantragen von Gegenständen durch den Hund.

▶ **BALLEN** rundliches elastisches Bindegewebe; die Ballen sind Teil der Pfoten.

▶ **BEHANG** andere Bezeichnung für Ohren des Hundes.

▶ **BELECKEN** natürliche Verhaltensweise, mit der Hunde ihre Vertrautheit zum Ausdruck bringen, aber auch bei Wunden.

▶ **BELEGEN** die Begattung der Hündin beim Deckakt.

▶ **BH** Begleithundeprüfung, wichtige Prüfung, die Voraussetzung für alle weiteren Prüfungszulassungen ist.

▶ **BIS** Abkürzung für Best in Show bei Ausstellungen.

▶ **BOB** Best of Breed (Bester der Rasse) auf Ausstellungen.

▶ **BRAND** die hellere Zeichnung auf  dunklem Fell: über den Augen, am Fang, an der Brust, an den Läufen und der Unterseite der Rute.

▶ **BÜRSTE** Aufstellen der Nackenhaare, auch Kamm genannt, bei Erregung.

▶ **CAC** Certificat d'Aptitude au Championat (Anwartschaft auf nationalen Siegertitel).

▶ **CACIB** Certificat d'Aptitude au Championat International de Beauté (Anwartschaft auf internationalen Siegertitel).

▶ **DECKSCHEIN** Bescheinigung über den erfolgten Deckakt.

▶ **DOMESTIKATION** Haustierwerdung, Haltung von Tieren in Menschenobhut.

▶ **DOMINANZ** Über- und Unterordnung von Hunden untereinander (Rangordnung). Dominanzverhalten wird auch gegenüber Menschen gezeigt, denen sich der Hund nicht bedingungslos unterordnen will.

DUFTMARKEN Urinmarken, mit denen der Hund das Revier absteckt.

DYSPLASIE Entwicklungsstörungen bzw. Deformierungen der Hüft- und/oder Ellbogengelenke. Teilweise genetische Disposition, teilweise falsche Aufzucht (ernährungsbedingt) und/oder zu frühe und zu starke physische Belastung (HD: Hüftgelenksdysplasie, ED: Ellbogendysplasie).

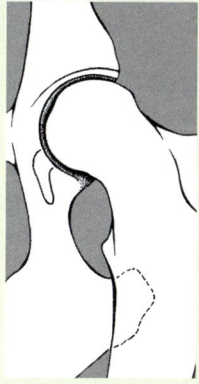

ED Ellbogendysplasie, siehe Dysplasie.

ELLBOGEN Gelenk zwischen Ober- und Unterarm.

EKTROPIUM Umstülpung des Lidrandes nach außen.

ENTROPIUM Einwärtsstülpen des Lidrandes gegen den Augapfel.

EZA Ende des zuchtfähigen Alters.

FANG Ein Teil des Kopfes, die Schnauze und das Gebiß des Hundes.

FCI Fédération Cynologique Internationale, internationaler kynologischer Dachverband, Zusammenschluß nationaler Dachverbände (Mitglieder sind u.a. der Verband für das Deutsche Hundewesen VDH, die Schweizerische Kynologische Gesellschaft SKG und der Österreichische Kynologenverband ÖKV).

FH Fährtenhund, Ausbildungskennzeichen für die Sucharbeit.

FIGURANT Piqueur, Schutzdiensthelfer, Scheintäter.

FORMWERT in einem Prädikat ausgedrückte Einschätzung der äußerlichen Erscheinung eines Hundes (Ausstellungen, Formwertnote).

FÜHRIGKEIT Bereitschaft des Hundes zum Zusammenwirken mit seinem Führer.

G die Bewertung „gut".

GANGWERK Optik des Bewegungsablaufes des Hundes, Zusammenspiel von Vorhand, Rückhand, Rücken und Winkelung sowie Schub der Rückhand.

GEBÄUDE Der Körperbau des Hundes (zum Beispiel kurz, gestreckt, harmonisch, kompakt, windig, gedrungen etc.).

GEBRAUCHSHUNDE Hunderassen, die in die Klassifizierung von Arbeitsleistungen wie Schutz-, Dienst- und Rettungshundarbeiten fallen.

GESCHIRR Riemenwerk, das dem Hund zur Fährtenarbeit, zur Hetze oder zum Wagenziehen umgelegt wird.

GRIFF das Zupacken des Fangs, z.B. voll und fest (mit dem ganzen Fang), spitz (so eben mit den vorderen Zähnen).

HART Bezeichnung für Hunde, die sich auch bei physischen Einwirkungen unbeeindruckt zeigen.

HD Hüftgelenksdysplasie, siehe Dysplasie.

HF Hundeführer.

HITZE Zyklusphase, in der die Hündin „steht" und an einigen Tagen paa-

rungsbereit ist (Hochhitze, Steh-
tage) und sich Rüden anbietet.

▶ **HOSE** längere Behaarung an den
Rückseiten der Oberschenkel.

▶ **IMPONIERVERHALTEN** Drohgebärde
gegen Artgenossen gleichen Ge-
schlechts, auch Werbeverhalten von
Rüden gegenüber Hündinnen.

▶ **INZUCHTKOEFFIZIENT** mathemati-
scher Begriff zur Berechnung des
Inzuchtgrades.

▶ **IPO** Internationale Prüfungsordnung,
internationales Ausbildungskennzeichen für Gebrauchshunde.

▶ **KNAUTSCHEN** loser Griff des Hundes
beim Apportieren, er „spielt" mit
dem Bringholz, faßt mehrfach nach,
es fehlt der feste Griff.

▶ **KOLOSTRALMILCH** die Erstmilch, die
Welpen nach der Geburt von der
Hündin erhalten, sie ist wegen der
enthaltenen Antikörper für das
Überleben erforderlich.

▶ **KONDITIONIERUNG** Abrichtung
(Ausbildung) des Hundes.

▶ **KÖRUNG** Ausleseveranstaltung zur
besonderen Zuchtverwendung.

▶ **KRUPPE** hintere Rückenpartie ober-
halb der Hinterläufe.

▶ **KUHHESSIG** die Sprunggelenke der
Hinterbeine sind einwärts gedreht.

▶ **KUPIEREN** operative Verkürzung der
Rute oder der Ohren (in Deutschland verboten).

▶ **LAKTATION** Milchabsonderung aus
der Zitze der Hündin während des
Säugens.

▶ **LANGE FLUCHT** Begriff aus dem
Schutzhundsport, Einholen und
Festhalten auf Distanz fliehender
Personen.

▶ **LANGHAAR** beim Rottweiler unerwünschte, fehlerhafte Haarer-
scheinung.

▶ **LÄUFIGKEIT** siehe unter Hitze.

▶ **LAUTGEBEN** Bellen aus bestimmtem
Anlaß.

▶ **LEFZEN** Ober- und Unterlippe des
Hundes, die den Fang bedecken.

▶ **LEINENFÜHRIGKEIT** der Hund folgt
„bei Fuß" an der linken Seite des
Hundeführers in den unterschiedlichen Gangarten.

▶ **LEINENRUCK** Korrekturmittel bei der
Hundeausbildung.

▶ **LENDE** Region beidseits der Wirbel-
säule, zwischen letzter Rippe und
Hüftknochen.

▶ **LINIENZUCHT** Paarung verwandter
Hunde innerhalb einer Blutlinie auf
einen gemeinsamen Vorfahren.

▶ **LR** Leistungsrichter.

▶ **MILCHTRITT** Bewegung der Welpen
während des Saugens.

▶ **MOLAREN** hintere Backenzähne.

▶ **OBERE LINIE** Linie vom Hals- bis zum
Rutenansatz.

▶ **OHRENZWANG** Gehörgangsentzün-
dung.

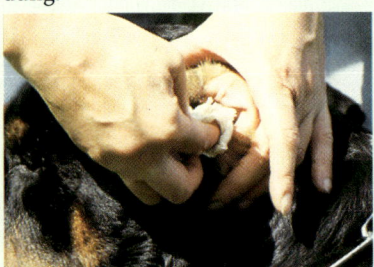

▶ **ÖKV** Österreichischer Kynologenverband.

▶ **PASSGANG** Gangart des Hundes, bei
der beide Läufe einer Seite gleichzeitig gehoben werden, wodurch ein
schaukelnder Gang entsteht, der
unerwünscht ist.

▶ **PL** Prüfungsleiter.

▶ **PO** Prüfungsordnung.

▶ **PRÄGUNG** aktives Kennenlernen der

Umwelt durch die Welpen in der Prägungsphase, die mit dem Einsetzen der Funktionstüchtigkeit der Sinnesorgane beginnt.

▸ **RANGORDNUNG** soziale Hierarchie beim Zusammenleben.

▸ **REVIEREN** Absuchen eines Geländes, im Hundesport von Verstecken nach dem Figuranten.

▸ **RÜCKBISS** vordere Schneidezähne des Oberkiefers überragen die Schneidezähne des Unterkiefers, ohne sie zu berühren.

▸ **SCHERENGEBISS** die Vorderseite der 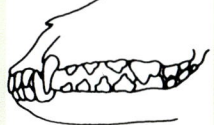 unteren Schneidezähne berührt die Rückseite der oberen Schneidezähne. Korrekte Form.

▸ **SCHH** Schutzhund.

▸ **SCHNEIDEZÄHNE** zwischen den Fangzähnen liegende vordere Zahnreihe im Ober- und Unterkiefer (je 6 Zähne).

▸ **SCHUB** Antrieb aus der Hinterhand.

▸ **SCHULTERHÖHE** senkrechtes Maß vom Widerrist zum Boden.

▸ **SCHUTZTRIEB** Verhalten, um Meutegefährten, Besitzer, Familienmitglieder, Kinder etc. zu schützen und ggf. durch Angriff zu verteidigen; beim Rottweiler angeboren.

▸ **SG** die Bewertung „sehr gut". In Verbindung mit 1–4 spricht man von einem plazierten SG.

▸ **SKG** Schweizerische Kynologische Gesellschaft.

▸ **STANDARD** offiziell festgelegte Beschreibung einer Hunderasse in Anatomie und Wesen (FCI).

▸ **STOCKMASS** siehe Schulterhöhe.

▸ **STOP** Abfall der Stirnlinie vor den Augen.

▸ **TÄTOWIEREN** Kennzeichnung im Ohr des Hundes durch den Zuchtwart.

▸ **TRAB** Gangart des Hundes, bei der die diagonalen Beinpaare gleichzeitig bewegt werden.

▸ **TRIEB** ursprüngliche Zustände, die unbewußt, lebensnotwendig und angeboren sind.

▸ **UNTERORDNUNG** Oberbegriff für Gehorsamkeitsübungen.

▸ **V** die Bewertung „vorzüglich". Diese Note wird in V1 bis V4 vergeben, hier spricht man von einem plazierten V. Ein V wird erst bei ausgereiften Hunden vergeben.

▸ **VDH** Verband für das Deutsche Hundewesen e.V.

▸ **VERKNÜPFUNG** der Hund verbindet Handlungen miteinander, z.B. ein bestimmtes Verhalten mit einer Belohnung.

▸ **VERWEISEN** Anzeigen eines Gegenstandes bei der Fährtenarbeit.

▸ **VORBISS** Schneidezähne des Unterkiefers stehen vor denen des Oberkiefers.

▸ **Vspn** versprechender Nachwuchs.

▸ **Vvspn** vielversprechender Nachwuchs.

▸ **WAMME** Übermaß loser Haut unter der Kehle.

▸ **WINKELUNG** Stellung der Gelenke; sie ist für die Bewegungsart des Hundes bedeutend.

▸ **WOLFSKRALLE** siehe Afterkralle.

▸ **ZANGENGEBISS** Zahnstellung, bei der die vorderen Schneidezähne des Ober- und Unterkiefers aufeinandertreffen.

▸ **ZTP** Abkürzung für Zuchttauglichkeitsprüfung.

▸ **ZUCHTBUCH** Register für die Zucht.

Der Rottweiler

▶ **F.C.I.-Standard Nr. 147/1. 6. 1998/D**

▶ **Ursprungsland: Deutschland**

▶ **Verwendung: Begleit-, Dienst- und Gebrauchshund**

Der Rassestandard wurde, nach Änderung des Tierschutzgesetzes zum 1. Juni 1998, vom Allgemeinen Deutschen Rottweiler Klub neu definiert. Die Rute bleibt nun unkupiert.

KLASSIFIKATION FCI

Gruppe II (Schnauzer und Pinscher, Molosser und Schweizer Sennenhunde), Sektion 2.1 Molosser, doggenartige Hunde.

KURZER GESCHICHT-LICHER ÜBERBLICK

Der Rottweiler zählt zu den ältesten Hunderassen. Sein Ursprung geht bis in die Römerzeit zurück. Er wurde dort als Hüte- und Treiberhund gehalten. Die Hunde zogen mit den römischen Legionen über die Alpen, beschützten die Menschen und trieben das Vieh. Im Raum um Rottweil trafen diese Hunde mit den einheimischen Hunden zusammen. Hier erfolgte dann eine Vermischung. Die Hauptaufgabe des Rottweilers wurde nun das Treiben und Bewachen von Großviehherden und die Verteidigung seines Herrn und dessen Eigentums. Nach der alten deutschen Reichsstadt Rottweil erhielt er seinen Namen: Rottweiler Metzgerhund.

Die Metzger züchteten diesen Hundeschlag nur auf Leistung und für ihren Verwendungszweck. So entstand im Laufe der Zeit ein hervorragender Hüte- und Treiberhund, der auch als Zughund Verwendung fand. Als man zu Beginn des 20. Jahrhunderts Hunderassen für den Polizeidienst suchte, wurde auch der Rottweiler überprüft. Es zeigte sich sehr schnell, daß der Hund für die Aufgaben im Polizeidienst hervorragend geeignet ist. Im Jahre 1910 wurde er deshalb als Polizeihund offiziell anerkannt. Die Rottweilerzucht erstrebt einen kraftstrotzenden Hund, schwarz mit rotbraunen, klar abgegrenzten Abzeichen, der bei wuchtiger Gesamterscheinung den Adel nicht vermissen läßt und sich als Begleit-, Schutz- und Gebrauchshund in besonderem Maße eignet.

ALLGEMEINES ERSCHEINUNGSBILD DES HUNDES

Der Rottweiler ist ein mittelgroßer bis großer, stämmiger Hund, weder plump

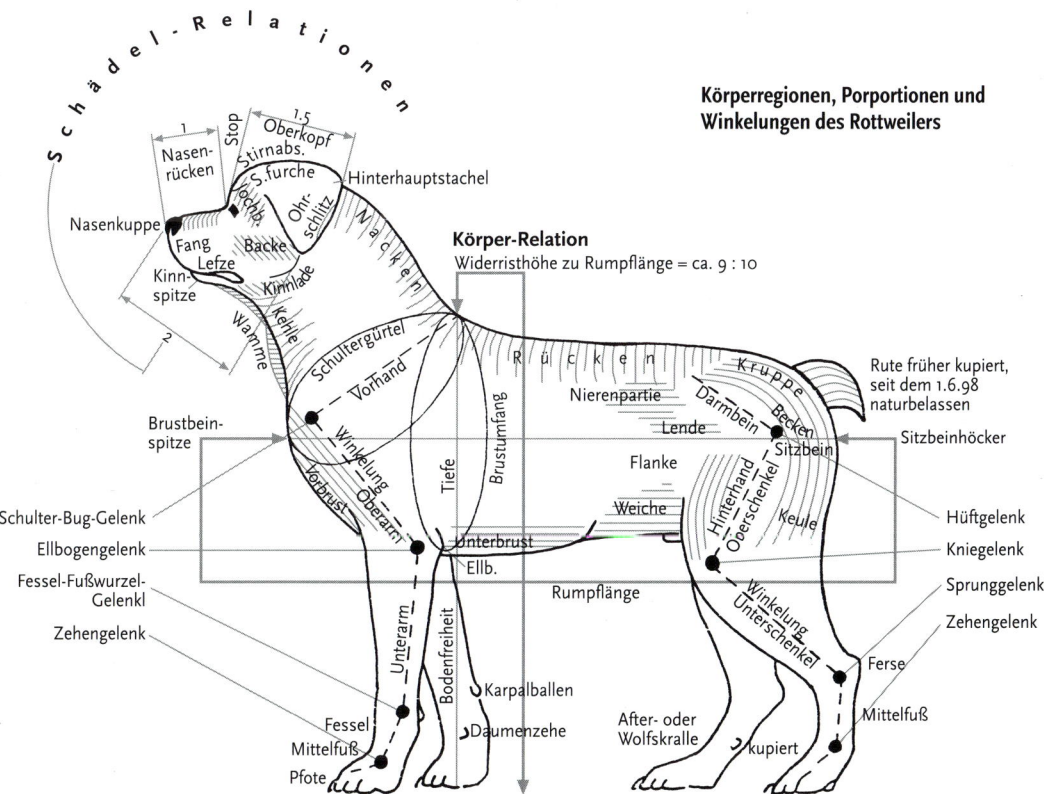

Körperregionen, Porportionen und Winkelungen des Rottweilers

Schädel-Relationen

Nasenrücken · Stop · Oberkopf 1.5 · Stirnabs. · 1

Nasenkuppe · Fang · Lefze · Backe · Kinnspitze · Kinnlade · S.furche · Ohrschlitz · Hinterhauptstachel · Nacken · Kehle · Wamme

Körper-Relation
Widerristhöhe zu Rumpflänge = ca. 9 : 10

Schultergürtel · Vorhand · Rücken · Kruppe

Rute früher kupiert, seit dem 1.6.98 naturbelassen

Nierenpartie · Lende · Darmbein · Becken

Brustbeinspitze · Winkelung · Vorbrust · Oberarm · Tiefe · Brustumfang · Flanke · Weiche · Hinterhand Oberschenkel · Keule · Sitzbein

Sitzbeinhöcker

Schulter-Bug-Gelenk · Ellbogengelenk · Fessel-Fußwurzel-Gelenkl · Zehengelenk

Unterbrust · Ellb.

Hüftgelenk · Kniegelenk · Sprunggelenk · Zehengelenk

Unterarm · Bodenfreiheit · Rumpflänge · Winkelung Unterschenkel · Ferse · Mittelfuß

Fessel · Mittelfuß · Pfote · Karpalballen · Daumenzehe · After- oder Wolfskralle · kupiert

noch leicht, nicht hochläufig oder windig. Seine im richtigen Verhältnis stehende, gedrungene und kräftige Gestalt läßt auf große Kraft, Wendigkeit und Ausdauer schließen.

WICHTIGE MASSVERHÄLTNISSE (PROPORTIONEN)

Das Maß der Rumpflänge, gemessen vom Brustbein bis zum Sitzbeinhöcker, sollte dasjenige der Widerristhöhe höchstens um 15% überschreiten.

VERHALTEN UND CHARAKTER

Von freundlicher und friedlicher Grundstimmung, kinderliebend, ist er sehr anhänglich, gehorsam, führig und arbeitsfreudig. Seine Erscheinung verrät Urwüchsigkeit, sein Verhalten ist selbstsicher, nervenfest und unerschrocken. Er reagiert mit hoher Aufmerksamkeit gegenüber seiner Umwelt.

KOPF

OBERKOPF Mittellang. **SCHÄDEL** Zwischen den Ohren breit, in der Stirnlinie, seitlich gesehen, mäßig gewölbt. Hinterhauptstachel gut entwickelt, ohne stark hervorzutreten. **STOP** Stirnabsatz ausgeprägt.

GESICHTSSCHÄDEL

NASE Nasenrücken gerade, mit breitem Ansatz und mäßiger Verjüngung, Nasenkuppe gut ausgebildet, eher breit als rund, mit verhältnismäßig großen Öffnungen, stets von schwarzer Farbe. **SCHNAUZE** Der Fang des Hundes sollte im Verhältnis zum Oberkopf weder gestreckt noch verkürzt wirken. **LEFZEN** Schwarz, fest anliegend, Lefzenwinkel geschlossen, Zahnleiste möglichst dunkel. **KIEFER** Kräftiger, breiter Ober- und Unterkiefer. **BACKEN** Jochbogen ausgeprägt. **GEBISS** Stark und vollständig (42 Zähne), die oberen Schneidezähne greifen scherenartig über die des Unterkiefers.

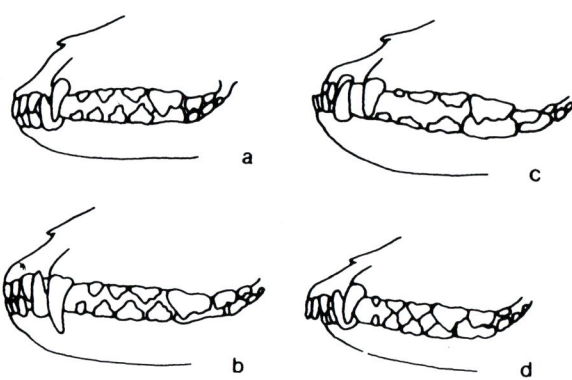

a **Korrektes Scherengebiß.** Die regelmäßig und senkrecht im Oberkiefer stehenden sechs Schneidezähne überlappen ohne Zwischenraum die ebenso stehenden sechs Schneidezähne im Unterkiefer.

b **Zangengebiß.** Alle sechs Schneidezähne des Oberkiefers beißen auf die sechs Schneidezähne des Unterkiefers.

c **Vorbiß.** Die sechs Schneidezähne des Unterkiefers stehen vor denen des Oberkiefers.

d **Rückbiß.** Die sechs Schneidezähne des Unterkiefers stehen so hinter denen des Oberkiefers, daß ein Gebißschluß in der Form eines Scherengebisses offensichtlich nicht mehr gegeben ist.

Der Schädel des Rottweilers trägt von innen nach außen in jeder Kieferhälfte oben 3 Schneidezähne (Incisivi), 1 Fangzahn (Caninus), 4 Vormahlzähne (Prämolaren) und 2 Mahlzähne (Molaren). Unten sind es 3 Mahlzähne und somit 42 Zähne im kompletten Gebiss.

AUGEN Mittelgroß, mandelförmig, von tiefbrauner Farbe, Lider gut anliegend.

OHREN Mittelgroß, hängend, dreieckig, weit voneinanderstehend, hoch angesetzt. Der Oberkopf erscheint bei nach vorn gelegten, gut anliegenden Ohren verbreitert.

HALS

Kräftig, mäßig lang, gut bemuskelt, mit leicht gewölbter Nackenlinie, trocken, ohne Wamme oder lose Kehlhaut.

RUMPF

RÜCKEN Gerade, kräftig, stramm.

LENDENPARTIE Kurz, kräftig und tief.

KRUPPE Breit, von mittlerer Länge, in leichter Rundung verlaufend, weder gerade noch stark abfallend.

BRUST Geräumig, breit und tief (ca. 50 % der Widerristhöhe), mit gut entwickelter Vorbrust und gut gewölbten Rippen.

BAUCH Flanken nicht aufgezogen.

RUTE Unkupiert, verlängert die Rückenlinie in waagrechter Fortsetzung.

GLIEDMASSEN

VORDERHAND

ALLGEMEINES Die Vorderläufe sind von vorn gesehen gerade und nicht eng gestellt. Die Unterschenkel stehen, seitlich gesehen, gerade. Die Neigung des Schulterblattes zur Waagerechten ist etwa 45°.

SCHULTERN Gut gelagert. Oberarm gut am Rumpf anliegend.

UNTERARM Kräftig entwickelt und bemuskelt.

VORDERMITTELFUSS Leicht federnd, kräftig, nicht steil. Pfoten rund, Zehen eng aneinanderliegend und gewölbt, Ballen hart, Nägel kurz, schwarz und stark.

HINTERHAND

ALLGEMEINES Von hinten gesehen sind die Hinterläufe gerade, nicht eng gestellt. Im zwanglosen Stand bilden Oberschenkel zum Hüftbein, Oberschenkel zum Unterschenkel und Unterschenkel zum Mittelfuß einen stumpfen Winkel.

OBERSCHENKEL Mäßig lang, breit und stark bemuskelt.

UNTERSCHENKEL Lang, kräftig und breit bemuskelt, sehnig in ein kraftvolles Sprunggelenk übergehend, gut gewinkelt, nicht steil.

PFOTEN Etwas länger als die Vorderpfoten, Zehen stark, ebenso gut eng aneinanderliegend, gewölbt.

GANGWERK

Der Rottweiler ist ein Traber. Der Rücken bleibt fest

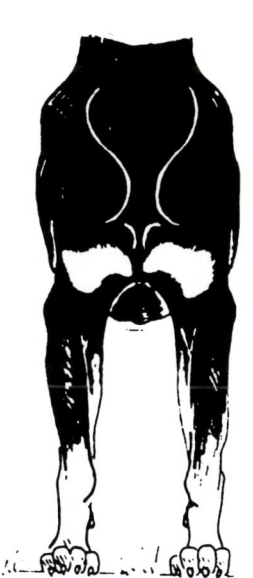

Eine korrekte Vorder- und Hinteransicht

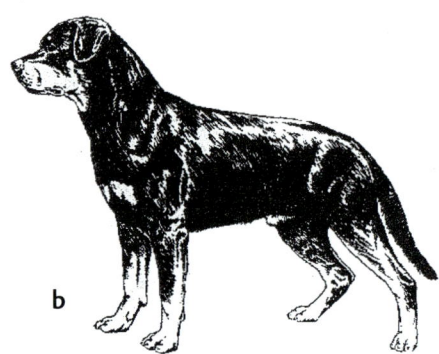

Die Rute des Rottweilers
a bisherige Version (Rute kupiert)
b Rute entspannt
c aufmerksame Haltung
d erregte Haltung
e fehlerhaft getragen

und relativ ruhig. Der Ablauf der Bewegung ist harmonisch, sicher, kraftvoll und ungehemmt, bei guter Schrittweite.

HAUT

KOPFHAUT Liegt überall straff an und darf bei hoher Aufmerksamkeit leichte Stirnfalten bilden.

HAARKLEID

BESCHAFFENHEIT DES HAARES Bestehend aus Deckhaar und Unterwolle = Stockhaar. Deckhaar mittellang, derb, dicht und straff anliegend; die Unterwolle soll nicht aus dem Deckhaar hervortreten. An den Hinterläufen ist die Behaarung etwas länger.

FARBE Schwarz mit gut abgegrenzten Abzeichen (Brand) von satter, rotbrauner Färbung an Backen, Fang, Halsunterseite, Brust und Läufen sowie über den Augen und unter der Rutenwurzel.

GRÖSSE UND GEWICHT

RÜDEN Widerristhöhe 61 bis 68 cm. 61 bis 62 cm klein, 63 bis 64 cm mittelgroß, 65 bis 66 cm groß = richtige Höhe, 67 bis 68 cm sehr groß. Gewicht ca. 50 kg.

HÜNDINNEN Widerristhöhe 56 bis 63 cm. 56 bis 57 cm klein, 58 bis 59 cm mittelgroß, 60 bis 61 cm groß = richtige Höhe, 62 bis 63 cm sehr groß. Gewicht ca. 42 kg

FEHLER

Jede Abweichung von den vorgenannten Punkten muß als Fehler angesehen werden, dessen Bewertung in genauem Verhältnis zum Grad der Abweichung stehen sollte.

GESAMTBILD Leichte, windige, hochläufige Gesamterscheinung, schwache Knochen und Muskeln.

KOPF Jagdhundkopf, schmaler, leichter, zu kurzer, langer, plumper Kopf, flache Stirnpartie (fehlender oder zu geringer Stop).

SCHNAUZE Langer oder spitzer Fang, Spaltnase, Ramsnase (konvexer) oder eingesunkener (konkaver) Nasenrücken; abfallender Nasenrücken (Adlernase); helle oder gefleckte Nasenkuppe.

LEFZEN Offene, rosafarbene oder fleckige Lefzen, offener Lefzenwinkel.

KIEFER Schmaler Unterkiefer.

BACKEN Stark hervortretende Backen.

GEBISS Zangengebiß.

OHREN Zu tief angesetzte, schwere, lange, schlappe, zurückgeklappte sowie abstehende und ungleichmäßig getragene Ohren.

AUGEN Helle, tiefliegende, zu volle sowie runde Augen, schlaffe Augenlider.

HALS Zu langer, dünner, schwach bemuskelter Hals, Wamme oder zu lose Kehlhaut.

KÖRPER Zu lang, zu kurz, schmal.

RÜCKEN Zu langer, schwacher oder eingesenkter Rükken, Karpfenrücken.

KRUPPE Abschüssige Kruppe, zu kurz, zu gerade oder zu lang.

BRUST Flach gerippter Brustkorb, tonnenförmige Brust, Schnürbrust.

RUTE Zu hoch oder zu tief angesetzte Rute.

VORDERGLIEDMASSEN Eng gestellte oder nicht gerade Vorderläufe. Steile Schulter, fehlender oder mangelnder Ellbogenanschluß, zu langer, zu kurzer oder steiler Oberarm, weicher oder steiler Vordermittelfuß, Spreizpfoten, zu flache oder zu stark gewölbte Zehen, verkümmerte Zehen, helle Nägel.

HINTERGLIEDMASSEN Flachschenkelige, hackenenge, kuhhessige oder fassbeinige Läufe, zu eng oder zu weit gewinkelte Gelenke, Afterkrallen.

HAUT Kopfhaut faltig.

HAARBESCHAFFENHEIT weiches, zu kurzes oder langes Haar, Wellhaar, Fehlen der Unterwolle.

FARBE Mißfarbene, unklar abgegrenzte, zu ausgedehnte Abzeichen.

DISQUALIFIZIERENDE FEHLER

ALLGEMEINES Betonte Umkehrung des Geschlechtsgepräges (Hündinnentyp bei Rüden und umgekehrt).

VERHALTEN Ängstliche, scheue, feige, schußscheue, bösartige, übertrieben mißtrauische, nervöse Tiere.

AUGEN Entropium, Ektropium, gelbe Augen, verschiedenfarbige Augen.

GEBISS Vorbiß, Rückbiß, Kreuzbiß. Hunde mit fehlendem Incisivus (Schneidezahn), Caninus (Eckzahn), Prämolar oder Molar (Backenzähne).

HAARBESCHAFFENHEIT Ausgesprochen lang- und wellhaarige Tiere.

HAARFARBE Farbe des Haarkleides abweichend von den für den Rottweiler standardgemäßen Farben schwarz mit braunen Abzeichen; weiße Flecken.

RUTE Knickrute, eingerollte, stark seitlich zur Rückenlinie getragene Rute.

N.B.

Rüden müssen zwei offensichtlich normal entwickelte Hoden aufweisen, die sich vollständig im Hodensack befinden.

▶ **Zum Weiterlesen**

Aldington, Eric H.W.: Von der Gesundheit des Hundes. Gollwitzer, Weiden 1996.

Allgemeiner Deutscher Rottweiler Klub: Handbuch der Regularien. Minden.

Beck, Peter: Das Beste für meinen Hund. Profitips für Hundefreunde. Stuttgart, 1995.

Becvar, Dr. Wolfgang: Naturheilkunde für Hunde. Grundlagen, Methoden, Krankheitbilder. Stuttgart 1994.

Brehm, Dr. Helga: Hundekrankheiten. Stuttgart 1995.

Durst-Benning, Petra und Carola Kusch: Der große Spiele-Spaß für Hunde. 60 Spiele für drinnen und draußen. Stuttgart 1997.

Durst-Benning, Petra: Kräuterapotheke für Hunde. Stuttgart 1998.

Feddersen-Petersen, Dr. Dorit: Hundepsychologie. Wesen und Sozialverhalten. Stuttgart 1989.

Harries, Brigitte: Ein Welpe kommt ins Haus. Stuttgart 1995.

Harries, Brigitte: Hundesprache verstehen. Stuttgart 1998.

Hertrich, Hans-Günter: Hundespaß Agility. Stuttgart 1998.

Jones, Renate: Welpenschule leichtgemacht. Stuttgart 1997.

Kejcz, Yvonne: So sag ich's meinem Hund. Stuttgart 1992.

Kejcz, Yvonne: Unser Hund wird alt. Pflege, Ernährung, Beschäftigung, Gesundheitsvorsorge. Stuttgart 1994.

Krämer, Eva-Maria: Das Kosmos-Hundebuch. Hunde halten, kennen und verstehen. Stuttgart 1995.

Lausberg, Frank: Erste Hilfe für den Hund. Stuttgart 1999.

Ochsenbein, Urs: Rottweiler. Stuttgart 1996.

Pryor, Karen: Positiv verstärken, sanft erziehen. Die verblüffende Methode, nicht nur für Hunde. Stuttgart 1999.

Rakow, Dr. Barbara: Der homöopathische Hundedoktor. Stuttgart 1999.

Ross, John und Barbara McKinney: Hunde verstehen und richtig erziehen. Stuttgart 1994.

Ross, John und Barbara McKinney: Welpen-Kindergarten. Erfolgreiche Hunde-Erziehung von Anfang an. Stuttgart 1997.

Schmalfuß, Ute: Mein

Hund. Stuttgart 1998.
Stein, Petra: Bach-Blüten für
Hunde. Stuttgart 1997.
Tellington-Jones, Linda: Das
Tellington-Training für

Hunde. Das Praxisbuch
zu TTEAM und TTouch.
Stuttgart 1999.
Tellington-Jones, Linda und
Sybil Taylor: Der neue

Weg im Umgang mit
Tieren. Die Tellington-
TTouch-Methode. Stutt-
gart 1993.

▶ **Adressen**

Allgemeiner Deutscher
Rottweiler Klub e.V. (ADRK)
Geschäftsstelle
Südring 18
D - 32429 Minden
Tel.: 05 71 - 50 40 40
Fax: 05 71 - 5 04 04 44

Deutscher Hundesportver-
band e.V. (dhv) und Deut-
scher Verband der Ge-
brauchshundesportvereine
e.V.
Gustav-Sybrecht-Str. 42
D - 44536 Lünen
Tel.: 02 31 - 8 79 49
Fax: 02 31 - 8 77 08 13

Verband für das Deutsche
Hundewesen e.V. (VDH)
Westfalendamm 174
D - 44141 Dortmund
Tel.: 02 31 - 56 50 00
Fax: 02 31 - 59 24 40

Österreichischer Kynologen-
verband (ÖKV)
Johann-Teufel-Gasse 8
A - 1238 Wien
Tel.: 01 - 8 88 70 92
Fax: 01 - 8 89 26 21

Österreichischer Rottweiler-
Klub
Gabriele Wodak

Stanzenberggasse 14
A - 1130 Wien
Tel.: 06 64 - 3 02 45 06

Schweizerischer Rottweiler-
hund-Club
Präsident: Stephan Meyer
Rüchligweg 10
CH - 5630 Muri
Tel.: 0 56 - 6 64 65 42

Schweizerische Kynolo-
gische Gesellschaft (SKG)
Postfach 82 17
CH - 3001 Bern
Tel.: 0 31 - 3 01 58 19
Fax: 0 31 - 3 02 02 15

▶ **Register**

Bildnachweis

Farbfotos: Peter Beck (S. 37), Karl-Josef Drever (S. 1, 4/5, 6, 14/15, 34, 46/47, 82/83, 85, 90, 92, 96u, 106/107, 124 Porträt), Ulrich Grimm (S. 27, 28, 30/31, 73), Peter Hermens (S. 91), Jost Ising (S. 94/95, 103), Juniors Bildarchiv/Spreckels (S. 3m, 26), Werner Lau (S. 89), Werner Layer (S. 24, 38/39), Lothar Lenz (S. 48, 68/69, 86, 101, 124 Hund), Ralf Roppelt, Sahara Werbeagentur (14 kleine Kapitelkennfotos ohne Hund), Marc Rühl/Kosmos (alle übrigen 37 Aufnahmen), Ulrike Schanz (S. 17, 87), E. Werner (S. 49). Farbzeichnung: Milada Krautmann (S. 112).

Schwarzweißabbildungen: Allgemeiner Deutscher Rottweiler Klub (S. 113, 114u, 115), Michael Becker (S. 116), Rainer Benz (S. 55, 109), Marianne Golte-Bechtle (Umrißzeichnung S. 113), Eva Hohrath (S. 111, 114o), Milada Krautmann (S. 53), Schwanke & Raasch (S. 52) sowie 3 historische Abbildungen aus dem Archiv des Verfassers.

Umschlaggestaltung von Atelier Reichert, Stuttgart, unter Verwendung von drei Fotos von Marc Rühl/Kosmos (2) und Werner Layer (Rückseite).

Mit 85 Farbfotos, 3 SW-Fotos, 1 Farbzeichnung und 10 SW-Zeichnungen.

Wir danken dem Allgemeinen Deutschen Rottweiler Klub für seine Unterstützung, Frau Dr. med. vet. Astrid Heinl, Aschheim, für ihre medizinischen Beiträge sowie Peter Beck (Krankheitssymptom-Checkliste) und Jan de Wit (Welpentest).

Die Deutsche Bibliothek – CIP-Einheitsaufnahme

Rottweiler : [Auswahl, Haltung, Erziehung, Beschäftigung] / Karl-Josef Drever. – Stuttgart : Kosmos, 1999
   (Praxiswissen Hund)
   ISBN 3-440-07686-5

© 1999, Franckh-Kosmos Verlags-GmbH & Co., Stuttgart
Alle Rechte vorbehalten
ISBN 3-440-07686-5
Lektorat: Angela Beck
Grundlayout: Friedhelm Steinen-Broo, eSTUDIO CALAMAR
Herstellung: Kirsten Raue
Satz und Layout: TypoDesign, Radebeul
Printed in Czech Republic / Imprimé en République tchèque
Druck und Binden: Těšínská Tiskárna, a. s., Český Těšín

Hundepaß

NAME

GESCHLECHT

TÄTOWIERUNG

GEWORFEN AM

BEKOMMEN AM

BESONDERE MERKMALE

WICHTIGE ADRESSEN

ZÜCHTER

TIERARZT

TIERÄRZTLICHER NOTDIENST

HUNDEVEREIN

HUNDEPENSION

HAFTPFLICHTVERSICHERUNG

InfoLine

KARL-JOSEF DREVER

ist Chefredakteur der Zeitschriften „Hundewelt" und „Agilitywelt". Er wuchs bereits mit Hunden auf und hält jetzt in seiner Familie, neben anderen Heimtieren, zwei Rottweiler.

Karl-Josef Drever ist im Allgemeinen Deutschen Rottweiler Klub, der dem Verband für das Deutsche Hundewesen (VDH e.V.) angeschlossen ist, für die Öffentlichkeitsarbeit zuständig und hat die Schriftleitung des klubeigenen Heftes „Der Rottweiler".

Sie können sich mit Ihren Fragen und Problemen an Karl-Josef Drever wenden. Schreiben Sie an die „Hunde-InfoLine" (bitte mit Rückporto):

Kosmos Verlag
„Hunde-InfoLine"
Postfach 106011
70049 Stuttgart